Der lange Weg zur ersten Immobilie

Leitfaden zum Immobilienkauf mit allen Infos zu Besichtigung, Makler, Preisverhandlung, Finanzierung, Notar auf dem Weg zu Ihrem Haus oder Eigentumswohnung

Expertengruppe Verlag

Der lange Weg zur ersten Immobilie

Leitfaden zum Immobilienkauf mit allen Infos zu Besichtigung, Makler, Preisverhandlung, Finanzierung, Notar auf dem Weg zu Ihrem Haus oder Eigentumswohnung

Expertengruppe Verlag

INHALTSVERZEICHNIS

ÜBER DIE AUTOREN

Klaus Hoppe – Immobilienberater aus Leverkusen – und Cornelia Traubitz – Immobilienverwalterin aus Düsseldorf – kennen und achten sich aus einer langen geschäftlichen Partnerschaft.

Beide begleiten seit über 20 Jahren Immobiliengeschäfte und die Verwaltung von Immobilien für private und institutionelle Kunden in allen Fragen rund um private oder gewerbliche Immobilien. Und gerade im Bereich des privaten Hauskaufs treffen in jeder Generation junge, unerfahrene Immobilienkäufer auf immer professioneller arbeitende Makler und Verkäufer, auf immer höhere rechtliche und bürokratische Anforderungen und gerade in den letzten Jahren auf einen Immobilienmarkt, der immer unberechenbarer und überhitzter wird. Dazu zieht die angespannte Marktsituation immer wieder schwarze Schafe in allen Bereichen rund um Immobilienerwerb und -verwaltung an, die zum eigenen Vorteil falsche Informationen verbreiten und so unter Hauskäufern großen Schaden anrichten können.

Gerade Erstkäufer machen in diesem Umfeld häufig Anfängerfehler, die mit etwas Vorbereitung leicht zu vermeiden wären. Um diesen Käufern zu helfen, haben beide ihr Fachwissen in eine Reihe von Publikationen eingebracht, um Sie beim Kauf und der Verwaltung der eigenen vier Wände genau wie der eigenen Kapitalanlage zu unterstützen.

Neben dem notwendigen theoretischen Wissen bringen Hoppe und Traubitz viel eigene Erfahrung mit ein, um dem Leser einen schnellen, übersichtlichen und leicht zu verstehenden Einblick in die Welt der Immobilien zu geben. Ihre Werke richten sich an Menschen, die gerade über den Erwerb der ersten eigenen Immobilie nachdenken und sich einen grundlegenden Einblick in die wichtigsten Themen rund um die Immobilie verschaffen möchten.

Vorwort – Der lange Weg zur Traumimmobilie

Herzlichen Glückwunsch! Sie haben sich richtig entschieden. Denn Sie haben beschlossen, eine Immobilie zu erwerben. Nicht nur, weil Sie möglicherweise Ihr absolutes Traumhaus oder Ihre Traumwohnung bewohnen werden. Immobilien sind eine hervorragende und krisenresistente Investition, insbesondere für das Alter. Möglicherweise steht dieser Aspekt im Moment nicht unbedingt im Mittelpunkt Ihrer Überlegungen. Vielleicht möchten Sie ein Landhaus im Grünen mit einem riesengroßen Garten oder eine Eigentumswohnung inmitten einer pulsierenden Großstadt. Oder Sie suchen eine Doppelhaushälfte in ruhiger Nachbarschaft, bei der vor allem das Umfeld stimmt. Oder aber Sie möchten vor allem eines: Raus aus der Mietwohnung und rein in die eigenen vier Wände.

Die Gründe für einen Umzug sind sehr individuell und vielfältig. Relativ gleichbleibend ist jedoch immer der Weg zu Ihrem neuen Domizil. Und der ist durchaus lang. Denn eine Immobilie zu erwerben, sollte keine Entscheidung aus dem Bauch heraus sein. Für Spontaneität ist hier nur wenig Platz. Schließlich gehen Sie nicht in einen Laden und suchen sich ein Haus aus. Das richtige Eigenheim zu finden, ist ein langwieriger und durchaus nervenzehrender Prozess. Allein die Suche nach einem geeigneten Objekt kann dauern. Und dann sind da noch Makler, Bankberater, Verkäufer, Hausverwalter, Notare und viele andere Menschen, die potenziell etwas von Ihnen wollen. In der Regel handelt es sich dabei um Ihr Geld oder Ihre Zeit. Nicht immer sind Ihre Gesprächspartner einfach und die ein oder andere Geduldsprobe ist Ihnen so sicher wie das Amen in der Kirche. Nicht zu vergessen: Eine Immobilie zu erwerben, geht richtig an die Finanzen. Jetzt fragen Sie sich: Wenn der Weg zum Haus teuer und stressig ist, warum sollte dieser Weg überhaupt angetreten werden? Ganz einfach: Weil das eigene Dach über dem Kopf das Schönste überhaupt ist! Nicht umsonst heißt es, dass jeder einmal im Leben einen Baum pflanzen, ein Buch schreiben und ein Haus bauen sollten. Was Sie mit dem Baum und dem Buch anstellen, ist Ihre Sache. Bei dem Haus (oder der Wohnung) möchten wir Sie auf den folgenden Seiten tatkräftig unterstützen, Ihre persönliche Traumimmobilie zu finden. Es gibt eine Menge zu beachten: Was möchte ich eigentlich wirklich für ein Objekt? Kann ich mir das überhaupt leisten? Wie verläuft eine Besichtigung? Welche Tricks kennen die Makler? Was muss ich bei einer Finanzierung beachten? Wie läuft das Kreditgespräch ab? Was muss dringend in den Notarvertrag?

Diese wichtigen Fragen möchten wir auf den folgenden Seiten klären. Wir wünschen Ihnen dabei viel Spaß bei der Lektüre.

Teil I

Vor dem Kauf

- Kapitel 1 -

WAS FÜR EINE IMMOBILIE MÖCHTE ICH HABEN – UND WARUM?

Wer Wohneigentum erwerben möchte, hat für diesen Schritt seine persönlichen Gründe. Manche Eigentümer in spe möchten dem Dasein als Mieter entschwinden, andere möchten eine größere Wohnfläche oder einen großräumigen Garten. Wieder andere möchten ihrem kompletten bisherigen Umfeld entfliehen und auf das Land oder in die Stadt ziehen. Oft steht die grobe Richtung schon fest. Das ist sogar bewiesen: Viele Deutsche suchen Wohneigentum in relativer Nähe zu ihrem bisherigen Wohnort. Große Sprünge sind offensichtlich nicht so unser Ding. Dies ist oft bedingt durch den Arbeitsplatz, die Schule der Kinder, Freunde, Verwandte und vieles mehr. Andere Personen ziehen gerade aus diesem Grund in die Ferne. Ein Arbeitsplatzwechsel ist hier ein häufiges Beispiel. Ist kein neuer Job geplant, fällt die Distanz vom bisherigen zum neuen Wohnort im Durchschnitt größer aus, als wenn Sie nur nach einer Vergrößerung Ihrer Wohnfläche streben.

DEN EIGENEN BEDARF KENNEN – WAS MÖCHTE ICH?

Die meisten Menschen haben bei der Suche nach ihrem Traumhaus oder ihrer Traumwohnung zumindest ein grobes Schema vor Augen. „Ein Garten muss dabei sein", „Endlich einen Balkon haben" oder „Wir brauchen einen großen Keller" – alles das sind Idealvorstellungen für die Zukunft in den eigenen vier Wänden. Doch reichen genau diese vier Wände? Meistens nicht. Normalerweise ist mit dem Kauf einer Immobilie oder dem Bau des Eigenheims eine Vergrößerung des Wohnraums verbunden. Neben der elementaren Frage nach dem „Wo", also dem zukünftigen Lebensmittelpunkt in einer bestimmten Stadt oder einem bestimmten Dorf, sollte auch das konkrete „Wie" feststehen. Deshalb lautet der Rat: Machen Sie eine Analyse des echten Bedarfes. Grundsätzlich unterscheiden wir zwischen Wohn- und Nutzraum. Eine Familie mit vielen Kindern braucht mehr Räume als ein Paar. Das ist kein Geheimnis. Ein Badezimmer braucht es auch, eine Küche sowieso. Falls Sie sich fragen, warum Ihnen Dinge erklärt werden, die Sie ohnehin schon wissen: Es geht um das, was übrigbleibt, sobald alle obligatorischen Wohnräume verteilt sind. Dann kommen Fragen auf wie: Benötigen wir ein Gästezimmer/Fitnessraum/Hobbykeller oder vielleicht alles zusammen? Oder werden doch alle drei genannten Optionen zukünftig als Abstellkammer genutzt? Manche Käufer wünschen sich auch mehrere dieser Räume. Wichtig ist, sich klar zu werden, was von vornherein benötigt wird. Denn das erleichtert die Suche nach der Immobilie enorm.

Wie erwähnt gilt es zunächst, die „Pflichträume“ abzuarbeiten. Wie viele Personen brauchen einen eigenen Raum? Die Betonung liegt bei der Erfassung des Bedarfs einer Person. Kleinere Kinder kommen mitunter gut zu zweit in einem Raum aus – dies ist aber in jedem Fall unterschiedlich. Auch die Zukunft will beachtet werden. Falls noch ein Kind geplant ist, dann sollte noch ein Zimmer mehr eingeplant werden. Dann wären da noch Schlafzimmer, Wohnzimmer und Esszimmer, falls erwünscht. Nutzräume sind meist obligatorisch, aber nicht immer. Bei der Küche stellt sich nur die Frage, wie groß sie ausfallen darf. Ohne Küche geht es nun mal nicht und Sie werden kaum ein Haus finden, das ohne Kochstelle auskommt. Weitere Nutzräume sind Badezimmer und Gäste-WCs. Auch hier stellt sich nicht die Frage, ob Sie diese Räume brauchen. Sondern vielmehr, wie viele: Sind zwei Badezimmer notwendig oder tut es auch die Kombination Badezimmer mit Gäste-WC, bei dem Sie gelegentlich „Eigenbedarf anmelden“ können? Wenn Sie Ihre zukünftigen Zimmer im Geiste durchschreiten, achten Sie auch auf jene Räume, die nicht unbedingt im direkten Wohnbereich sind. Ein Dachboden kann nützlich sein, ebenso wie ein Keller. Auch Gartenflächen wollen eingeplant sein, gerade dann, wenn Sie einen Schuppen oder eine Gartenlaube als Stauraum verwenden wollen.

Dann wären noch jene Räume mit besonderen Funktionen. Ein Büro zum Beispiel fällt in diese Kategorie, aber auch die eben genannten Fitness- oder Hobbyräume.

Unser Tipp: Machen Sie sich eine Liste. Stellen Sie sich jeden Raum vor und teilen Sie ihn in die folgenden Kategorien ein: „Wichtig“, „Vielleicht“ und „Brauchen wir nicht“. Dazu notieren Sie sich daneben die gewünschte Quadratmeterzahl eines jeden Raumes – aber den Taschenrechner legen Sie bitte zunächst an die Seite. Sie werden sicher erstaunt sein, was dabei herauskommt, denn die Schätzung des Raumbedarfes ist gar nicht mal so einfach. Aller Wahrscheinlichkeit nach kommen Sie auf die Quadratmeterzahl eines Hauses, das diese Bezeichnung gar nicht mehr verdient. „Villa“ wohl eher, oder gar „Chalet“. Aber keine Sorge, das ist völlig normal. Und es hat seinen Grund, warum der Rechner eingepackt bleiben sollte. Schließlich sind Sie wahrscheinlich kein studierter Architekt und sollen keinen Grundriss zeichnen, sondern das, was Sie wirklich wollen und welche Ansprüche Sie an die zukünftige Wohnimmobilie haben. Denn wenn es an die Besichtigung geht, kommt vieles doch noch ganz anders, als Sie es sich vorher vorgestellt haben.

Beachten Sie, dass es nicht nur auf die Quadratmeter ankommt, sondern auch auf den Schnitt. Auch Altbauwohnungen können perfekt geplant sein, während manche neue Häuser durch eigensinnige Bauweisen Platz verschwenden. Idealerweise gleichen Sie während einer Hausbesichtigung alles das ab, was Sie sich vorher vorgestellt haben. Entweder es passt oder es passt nicht. Damit wäre das Formale schon geklärt. Aber ein weiterer Punkt kommt hinzu, der sich tatsächlich erst bei der Besichtigung zeigt. Manche Häuser und Wohnungen versprühen einen gewissen Charme, der sich durch bauliche Besonderheiten ergibt. Das kann ein perfekt geschnittenes Badezimmer sein oder die Traumküche schlechthin. Natürlich kann das Wohnzimmer auch viel kleiner als geplant ausfallen – aber die Fußbodenheizung oder der Kamin drehen den ersten Eindruck wieder ins Positive. Auch das Gegenteil kann der Fall sein. Bringt der Garten die richtige Fläche mit, ist das zunächst etwas Gutes, insofern darauf Wert gelegt wird. Liegt das Außengelände aber im Hang, mag das nicht jedermanns Geschmack treffen. Oder: Planen Sie ein Büro, sollte dieses genügend Licht besitzen. Ist der Raum zu dunkel, bringt die Zahl der Quadratmeter nicht viel. Grundsätzlich sollten Sie auf Ihr Bauchgefühl achten. Immer wieder wird berichtet, dass zufriedene Hausbesitzer schon bei der Besichtigung der Immobilie ein gutes Gefühl hatten. Soll heißen: Versuchen Sie, Ihre zuvor festgestellten Ansprüche mit Ihrem unmittelbaren Eindruck in Einklang zu bringen. Das funktioniert leichter als angenommen: Die Richtung ergibt sich mit dem Betreten des Hauses. Haben Sie schon zu diesem Zeitpunkt ein schlechtes Gefühl, weil es „einfach nicht passen will", sollten Sie das beachten. Ein Haus oder eine Eigentumswohnung zu erwerben, ist schließlich ein Schritt, der das weitere Leben entscheidend prägt.

Auch die folgende Situation kann entstehen: Die soeben besichtigte Immobilie ist perfekt. Alles entspricht Ihrer Wunschvorstellung. Bis auf die Lage. Denn auch das Drumherum ist wichtig. Sie haben eine Wohnung gefunden, die für Sie wie gemacht ist. Wäre da nicht die Diskothek im Erdgeschoss, in der bis 6 Uhr morgens auch werktags die Bässe dröhnen. Oder diese Situation: Gerade haben Sie das prächtigste Häuschen im Grünen besichtigt. Alles stimmt hier – bis auf die Tatsache, dass der nächste Supermarkt 20 Kilometer entfernt liegt und die Kinder um 5 Uhr morgens aufstehen müssen, um den Bus zur Schule zu bekommen. Sowohl Stadt- als auch Landleben bringen Vor- und Nachteile mit sich. Ob ein Haus also zum Anspruch passt oder nicht, wird neben Anspruch und Wirklichkeit der baulichen Gegebenheiten durch einen dritten Faktor ergänzt: Dem Umfeld. Wer sowieso täglich 50 Kilometer zur Arbeit mit dem Auto fährt, hat mit der Tour zum Supermarkt in 20 Kilometern Entfernung vielleicht gar kein Problem. Und wer einen tiefen Schlaf hat, kann sich auch mit der permanenten Party im Erdgeschoss anfreunden. Es gilt jedoch zu bedenken, dass die Reise zum nächsten Supermarkt Geld kostet. Es entstehen zusätzliche Kosten, die es einzukalkulieren gilt. Zum Kostenfaktor gehört auch der Zeitfaktor. Und ein besonders großer Zeitvernichter ist die Pflege des heimischen Gartens. Falls Sie ein Häuschen finden, das mit einer opulenten Gartenfläche glänzt und Sie zwei grüne Daumen besitzen, ist alles perfekt. Es sollte aber nicht außer Acht gelassen werden, dass Rasen und Beete gepflegt werden wollen, und das dauerhaft. Wer sich selbst nicht am Rasenmäher sieht, sollte seine Ansprüche etwas herunterschrauben. Eine Alternative und somit einen weiteren Kompromiss könnte ein Reihenhaus mit einer exakt abgemessenen Rasenfläche bieten.

Bei allen diesen Details muss ebenfalls die Grundmotivation für den Erwerb einer Immobilie feststehen. Soll das neue Heim bis ins hohe Alter bewohnt werden? Dann sollte bereits frühzeitig an Barrierefreiheit gedacht werden. Das bedeutet nicht sofort, dass eine komplette Immobilie vollständig frei von Treppen sein muss. Manche Hausbesitzer in spe achten dabei auf abtrennbare Abschnitte. Falls zum Beispiel im Erdgeschoss ein Gästebadezimmer, eine Küche und ein Esszimmer besteht, kann dies im Alter in eine kleine Wohnung umgewandelt werden. Das Nötigste ist schließlich da. Besteht der Plan eines Weiterverkaufes zu einem späteren Zeitpunkt, sollte darauf geachtet werden, dass die Immobilie eher den Geschmack der breiten Masse anspricht. Da wären wir wieder bei der Diskothek im Erdgeschoss. Möchten Sie eine Wohnung erst bewohnen und irgendwann weiterverkaufen, sollten Sie die lautstarke Gastronomie nicht ignorieren. Auch, falls Sie persönlich kein

Problem mit den hohen Dezibel Werten haben, hätten es viele andere Menschen doch gerne etwas ruhiger. Gleiches gilt für die vielen Kilometer zum Supermarkt.

Ein besonderes Augenmerk müssen diejenigen Käufer darauf legen, deren Ziel es ist, die Immobilie sofort weiter zu vermieten. Schließlich geht es hier um das eigene Geld und langfristige Erträge. Ein häufiger Wechsel von Mietern ist weder angenehm noch hilfreich und zusätzlicher Aufwand ist vorprogrammiert

WAS KANN ICH MIR LEISTEN?

So unterschiedlich die Vorstellungen von einer perfekten Immobilie auch sein mögen, haben alle Häuser und Wohnungen – ganz egal ob klein oder groß – eine Sache gemeinsam: Sie kosten Geld und das nicht zu wenig. Da in den allermeisten Fällen die finanziellen Mittel nicht grenzenlos sind, ist der Preis wohl das entscheidendste und das potenteste Ausschlusskriterium. Ist eine Immobilie noch so schön, wird sie spätestens dann unattraktiv, wenn der Preis heillos überzogen erscheint oder sie einfach nicht ins Budget passt.

Idealerweise wissen Sie schon bevor Sie mit der Immobiliensuche beginnen, wie liquide Sie sind. Das bedeutet: Wie viel Eigenkapital bringen Sie mit? Denn Eigenkapital ist die perfekte Basis für den Hauskauf. Falls Sie Ihre mitgebrachte Summe nicht direkt in das Haus oder die Wohnung investieren wollen, können Sie Ihr Eigenkapital auch als Sicherheit der Bank Ihres Vertrauens anbieten. Dies ist dann entscheidend, falls Sie einen Kredit aufnehmen müssen. Falls Sie so viel Eigenkapital mitbringen, dass die Bank außen vor ist und Sie überhaupt keinen Kredit mehr benötigen, haben Sie überhaupt keine Probleme mehr. Unter der Überschrift „Sicherheiten" zählen aber auch Immobilien, die Sie bereits in der Vergangenheit erworben haben. Auch diese Häuser und Wohnungen können bei den

Banken als Sicherheit hinterlegt werden, wenn es um die Vergabe von Krediten geht.

Übrigens: Eigenkapital ist nicht ausschließlich gleichbedeutend mit der Summe X, die Sie auf dem Sparbuch haben. Eigenkapital bezeichnet die Summe, die Sie wirklich aufbringen können. Ob Sie sich dafür Geld bei der Verwandtschaft leihen oder ob Sie Ihre Briefmarkensammlung verkaufen, ist dabei egal – vor allem dem Mitarbeiter der Bank, der über Ihren Kredit entscheidet. Generell sind verschiedene Werte als Eigenkapital tauglich. Allen voran, das Geld auf Ihren Giro- und Tagesgeldkonten sowie die finanziellen Mittel auf Sparbüchern. Dazu kommen Aktien, Anleihen, Aktien- und Rentenfonds, Bausparverträge und das erwähnte Privatdarlehen, falls Ihnen Verwandte Geld leihen.

Noch ein Tipp: Wenn Sie eine Immobilie finden, deren Preis Ihren Ansprüchen gerecht wird, darf nicht vergessen werden, dass die Summe noch (leicht) steigt. Rund 8 bis 11 Prozent des Kaufpreises gehen zusätzlich für Erwerbsnebenkosten ab. Dieser Posten steigt, sobald ein Makler im Spiel ist. Dann wird Provision fällig und in der Folge kann mit einer Steigerung der Erwerbsnebenkosten auf bis zu 15 Prozent gerechnet werden. Ausnahmen bestätigen jedoch die Regel. Die zusätzlich zu zahlende Summe ist abhängig von verschiedenen Faktoren, zum Beispiel dem Bundesland.

Eine Beispielrechnung mit einem Kaufpreis von 400.000€ finden Sie in der nachfolgenden Tabelle.

	Kosten in % des Kaufpreises	**Kosten in €**
Kaufpreis		400.000€
Notarkosten & Grundbucheintrag	Ca. 1,5%	6.000€
Grunderwerbsteuer	3,5% bis 6,5%	14.000€ bis 26.000€
Maklerkosten	0% bis 7,14%	0€ bis 28.560€
Nebenkosten gesamt	**5% bis 15,14%**	**20.000€ bis 60.560€**
Kaufpreis inkl. Nebenkosten		**420.000€ bis 460.560€**

Grunderwerbsteuer und Maklerkosten unterscheiden sich dabei in Deutschland von Bundesland zu Bundesland.

Auch wenn Eigenkapital ein wichtiger Faktor ist, können Hauskäufer oder Bauherren gänzlich ohne das eigene Geld auskommen. Das ist dann der Fall, wenn Sie über ein hohes Einkommen verfügen. Dann ist zumindest in der Theorie eine vollständige Finanzierung der Immobilie per Kredit möglich. Die Regel ist das allerdings nicht. Die meisten

Bauherren oder Immobilienkäufer ergänzen das vorhandene Eigenkapital mit geliehenem Geld, um die geforderte Summe aufzubringen.

Wie hoch der Kredit ausfällt, ist jedoch nicht allein von Ihrem Wunsch abhängig. Natürlich muss auch die Bank mitspielen. Der Kreditgeber freut sich dabei im Normalfall über möglichst hohe, monatlich zu erbringende Kreditraten. Dazu kommen wir im Detail aber später noch. Grundsätzlich gilt: Je höher die Summe ausfällt, die Sie pro Monat bereit sind zu tilgen, desto höher fällt die mögliche Höhe des Kredits aus – abhängig von dem Prozentsatz der Anfangstilgung. Als weitere Sicherheiten gelten Festgeld und weitere feste Sparpläne, Lebens- und Rentenversicherungen und Beteiligungen an Unternehmen, insofern diese Anteile veräußerbar sind.

Die Festlegung der monatlichen Kreditrate will gut überlegt sein. Schließlich wird dieser Abschlag Sie Jahre oder Jahrzehnte begleiten. Hinzu kommen Kosten für die Abfallentsorgung, Wasser, Strom, Versicherung und natürlich die Grundsteuer B. Alle diese Faktoren ergeben eine Gesamtsumme laufender Kosten, die Sie regelmäßig zu bezahlen haben. Auch hier wieder eine Beispielrechnung für ein Haus mit 120 Quadratmetern, das von zwei Personen bewohnt wird:

	Kosten pro Monat	**Kosten pro Jahr**
Abfallgebühren	20 bis 30€	240 bis 360€
Grundsteuer	30 bis 60€	360 bis 720€
Heizkosten	100 bis 150€	1.200 bis 1.800€
Heizungswartung	25 bis 30€	300 bis 360€
Schornsteinfeger	5 bis 10€	60 bis 120€
Strom	70 bis 110€	840 bis 1.320€
Straßenreinigung	25 bis 30€	300 bis 360€
Telefon	30 bis 40€	360 bis 480€
Versicherungen	30 bis 40€	360 bis 480€
Instandhaltungs-rücklage	125€	1.500€
Kosten gesamt	**460 bis 625€**	**5.520 bis 7.500€**
Kosten gesamt je Quadratmeter	**3,83 bis 5,20€**	**46,00 bis 62,50€**

Dazu gibt es auch eine einfache Faustregel: Rechnen Sie pro Quadratmeter etwa 3,50 Euro bis 5,00 Euro auf Ihre sonstigen Ausgaben drauf. Aus der Differenz Ihrer Einnahmen und der regelmäßigen Ausgaben haben Sie so schon die mögliche, regelmäßige Kreditrate grob vorliegen. Zusammengerechnet wirken sich diese Faktoren auf den möglichen Kaufpreis aus.

Neben der Tilgungsrate kommen bei den fixen Kosten auch die Zinsen dazu. Schließlich möchte auch die Bank etwas daran verdienen, wenn sie Ihnen ihr Geld leiht. Apropos: Wer die Tilgungsrate niedrig ansetzt und sich so über einen größeren Zeitraum an die kreditgebende Bank bindet, läuft potenziell Gefahr, in eine Steigerung der Zinsen zu geraten, wenn das Zinsniveau zum Ablauf des ersten Kredits höher ist, als aktuell. Und natürlich dauert es länger, bis die Immobilie endlich abbezahlt ist.

Schauen wir uns auch hierzu wieder ein Beispiel an: Gehen wir davon aus, dass Sie einen Kredit in Höhe von 300.000€ benötigen und der Zinssatz für 10 Jahre fest bei 2% liegt. Je nachdem, wie hoch Ihre monatliche Tilgung (also die Rückzahlung des Kredits) liegt, kommen Sie so nach den 10 Jahren auf folgende Restschulden:

Tilgung pro Jahr	**Ratenhöhe pro Monat**	**Restschulden nach 10 Jahren**
1%	750€	266.820€
2%	1.000€	233.640€
3%	1.250€	200.460€
4%	1.500€	167.280€
5%	1.750€	134.100
6%	2.000€	100.920€

Wenn Sie in unserem Beispiel also 3% pro Jahr tilgen und damit jeden Monat 1.250€ and die Bank zurückzahlen, dann haben Sie nach Ablauf der 10 Jahre immer noch Schulden bei der Bank in Höhe von 200.460€. Dafür benötigen Sie dann vermutlich wieder einen neuen Kredit bei Ihrer Bank (heute in 10 Jahren). Nehmen wir an, Sie möchten dann nach weiteren 15 Jahren schuldenfrei sein. Leider wissen wir heute nicht, wie hoch denn in 10 Jahren die Zinsen für Ihren neuen Kredit sein werden. Davon hängt aber ganz erheblich Ihre neue Kreditrate ab. Je nach Zinshöhe müssten Sie dann folgende Raten im Monat zahlen (um in weiteren 15 Jahren die restlichen Schulden in Höhe von 200.460€ komplett abzuzahlen):

Zinssatz in %	**Ratenhöhe pro Monat**
1%	1.200€
2%	1.290€
4%	1.482€
6%	1.692€
8%	1.916€

Sie sehen also, je nachdem, wie sich die Zinsen in den kommenden 10 Jahren entwickeln, sind Sie in 10 Jahren mit einer deutlich höheren Monatsrate konfrontiert als bei Ihrem ersten Kredit. Rechnen Sie mit steigenden Zinsen, sollten Sie daher einen Kredit mit möglichst langer Zinsbindung und hoher Tilgung abschließen. Rechnen Sie mit sinkenden Zinsen, gilt das Gegenteil.

Bei der Aufstellung, was Sie sich leisten können und was nicht, darf jedoch ein wesentlicher Punkt nicht außer Acht gelassen werden: Die Welt dreht sich weiter und die meint es nicht immer gut mit Ihnen. Deshalb lautet mein Rat: Legen Sie sich eine Notfallreserve von zwei bis drei Nettogehältern an. Schließlich kann immer etwas dazwischenkommen. Sei es ein kaputtes Auto oder eine defekte Heizung. Als Hausbesitzer kommen stets neue Herausforderungen auf Sie zu und die kosten meistens Geld.

- Kapitel 2 -

IMMOBILIENSUCHE MIT WEITSICHT, STRATEGIE UND TAKTIK

Wenn Sie sich sicher sind, was Sie möchten und im Klaren darüber sind, wie viel Sie ausgeben möchten, kann die Suche nach dem trauten Eigenheim beginnen. Grundsätzlich gilt eine verlässliche Regel: Die Preise für angebotene Immobilien sind oft überzogen. Das gilt sowohl für die Immobilienseiten im Internet als auch die klassischen Aushänge bei Banken oder den Anzeigenseiten in der Zeitung. Eine gute Basis stellt immer die Ermittlung des Preisniveaus des regionalen Marktes dar. Denn das schwankt beachtlich. Logischerweise ist ein Haus im tiefen Hinterland verhältnismäßig günstig, während Appartements im Zentrum einer Großstand oft übermäßig teuer sind. Hier regelt die Nachfrage den Markt – sollte man zumindest meinen. Aber für den angebotenen Preis ist der Verkäufer zuständig und der möchte verständlicherweise das Beste für sich herausholen. Zur Beruhigung: Die angebotenen Preise, insbesondere bei Privatverkäufen sind meist nicht fix und über die Summe lässt sich bei echtem Interesse innerhalb eines gewissen Rahmens verhandeln. Das ist auch der Grund, warum Sie sich bei der Suche nach

Ihrer Traumimmobilie nicht sofort abschrecken lassen sollten, wenn der Preis zunächst nicht passt. Es gibt ein paar Tricks, die auf jeden Fall beachtet werden sollten.

1. Die angebotene Immobilie ist immer super – vor allem aus Sicht des Verkäufers

Sie kennen diese Taktik sicher von Reisekatalogen. Das Hotel liegt in Meeresnähe, heißt es in der Beschreibung. Während Sie sich auf einen entspannten Tag am Sandstrand freuen, stellen Sie vor Ort fest, dass sich dort nichts als felsige Klippen befinden. Aus der Sandburg wird wohl nichts. Aber eine „Lüge“ war die Beschreibung nicht – schließlich ist das Meer in der Nähe. Genauso verhält es sich mitunter bei den Immobilienanzeigen. Während die Größe der Grünfläche angepriesen wird, wird verschwiegen, dass die Küche im Gegenzug winzig ist. Eine Lage in einem lebhaften Viertel mit vielen Einkaufsmöglichkeiten hört sich zwar nach einer Zukunft der kurzen Wege an – kann aber auch genauso ein Haus in der unmittelbaren Nähe eines Gewerbegebietes mit starkem Verkehrsaufkommen bedeuten. Ein Häuschen mit „nostalgischem Schick“ kann auch eine echte Bruchbude aus der 1960ern bedeuten. Den Verkäufern sei an dieser Stelle kein Vorwurf zu machen: Die Festlegung eines Preises reflektiert immer den Wunsch des Besitzers. Um die echte Situation zu ermitteln, hilft nur eines: Vorbeikommen und besichtigen.

2. Je exklusiver, desto teurer

Stellen Sie sich folgende, ein wenig kurios anmutende, Situation vor: Beide Hälften eines Doppelhauses werden zufällig und gleichzeitig zum Verkauf angeboten. Die Hälften gleichen sich wie ein Ei dem anderen und sind somit absolut identisch. Dennoch werden die beiden Wohnhäuser zu unterschiedlichen Preisen angeboten, zum Beispiel die linke Hälfte für 310.000 Euro und die andere für 320.000 Euro. Sollte das der Fall sein, ist der Verkäufer etwas kurzsichtig an die Angelegenheit herangegangen. Warum sollte ein Interessent 10.000 Euro mehr für etwas bezahlen, dass er oder sie gleich nebenan günstiger bekommt? So kann es also nicht funktionieren. Insofern ist der Verkäufer dazu gezwungen, den Preis anzugleichen. Bei einem bezaubernden Bauernhof mitten im Grünen ist das nicht der Fall. Diese Immobilien gibt es schließlich in dieser Form nur ein einziges Mal. Vergleichswerte gibt es kaum. Hier spielt die Individualität des Objekts bezüglich der Preisfindung eine größere Rolle als der Grundstückspreis. Der Verkäufer oder Makler wird den Charme dieses architektonischen Unikats herausstellen. Und das macht sich auch beim Preis bemerkbar. Grundsätzlich gilt: Je individueller das Objekt, desto höher wird der Preis. Zumindest dann, wenn das Alleinstellungsmerkmal „individuell gut" ist, wie bei dem Bauernhof oder einer Wohnung in einer Top-Lage. Natürlich kann individuell auch etwas Negatives verheißen. Besteht das Alleinstellungsmerkmal darin, dass das Objekt an einer

Güterzugstrecke liegt, ist der besondere „Charme“ eher dem Gesamtbild abträglich. Sie sollten diesen Umstand bei der Suche nach Ihrer Traumimmobilie im Hinterkopf behalten und den Verkäufer oder Makler darauf ansprechen, falls Ihnen die Summe utopisch hoch vorkommt. Im Beispiel des Bauernhofes wird sicher auch hier und dort Sanierungsbedarf herrschen. Scheuen Sie sich nicht, solche Aspekte anzusprechen – im Zweifelsfall mindert das den Preis!

3. Glauben Sie nicht alles aus dem Internet!

Wenn Sie in ein Buchgeschäft gehen und der Preis eines Romans 18 Euro beträgt, dann können Sie machen was Sie wollen: An der Kasse müssen Sie diesen Preis bezahlen, egal, wie sehr Sie auch verhandeln möchten. Denn die 18 Euro sind kein Angebot, sondern der echte Preis. Anders verhält es sich bei den Summen, die bei einem Bild einer Immobilie in den Anzeigen stehen. Das gilt besonders, wenn Sie sich im Internet bei einschlägigen Immobilienportalen umsehen. Die genannte Summe ist kein fixer Preis, sondern in diesem Fall ein Vorschlag, der aus Verkäufersicht besagt: So viel möchte ich für dieses Haus oder diese Wohnung! Die Preise sind oft höher als die, die bei den echten Verkäufen zustande kommen. Sie sind also keine „echten“ Marktpreise, zumindest ist dies nicht allzu oft der Fall. Betrachten Sie also den Preis als „Vorschlag“. Und vergessen Sie nicht die „VB“ – die Verhandlungsbasis. Das stellt nämlich die genannte Summe meistens dar. Ausnahmen bestätigen die

Regel. Gerade Privatverkäufer, die ohne Zeitdruck verkaufen möchten, bleiben gerne bei dem genannten Preis und das nicht selten über Jahre. Dennoch gilt: Handeln lohnt sich immer.

4. Ermitteln Sie den realen Preis – zumindest ansatzweise!

Neben der Wunschvorstellung des Verkäufers kümmern sich andere Institutionen um eine realitätsnahe Sicht der Lage. Was, wo, welches Haus kostet, ist sogenannten Preisspiegeln zu entnehmen. Der Vorteil dieser Übersichten liegt darin, dass oft Durchschnittswerte von vergangenen Verkäufen genannt werden. Der Realismusbezug ist also gegeben. Preisspiegel bieten einen Überblick für den kompletten Immobilienmarkt in Deutschland. Allerdings ist die Datenlage in ländlichen Regionen oft etwas dünn, aber zu den ersten Informationen werden gute Anhaltspunkte angeboten. In Ballungszentren ist die Datenlage oft fundierter und engmaschiger. Herausgeber solcher Spiegel sind beispielsweise Bausparkassen und andere Anbieter. Vergleichbar arbeiten Gutachterausschüsse, die für verschiedene Orte oder auch Stadtteile entsprechende Kostentabellen erstellen. Basis der Berechnung sind auch hier die Immobilienverkäufe der jüngeren Vergangenheit. Zugänglich sind diese Daten oft in den Verwaltungen der Kommunen, zum Beispiel beim Bauamt. Außerdem bringen die Gutachterausschüsse auch Grundstücksmarktberichte heraus, die ebenfalls bei einer Preisfindung nützlich sind.

Ein kleines Manko besteht: Die dargestellten Preise sind oft sehr theoretischer Natur und werden (auch) auf der Basis von Bodenrichtwerten erstellt. Ist das Wunschgebäude eher ortsuntypisch, helfen diese Angaben nur wenig.

5. Gehen Sie ungewöhnliche Wege bei der Haussuche!

Neben dem Studieren von Immobilienportalen, Aushängen bei der Bank oder den Kleinanzeigen in den Lokalzeitungen gibt es noch andere Mittel und Wege, an ein Traumhaus zu gelangen. Schließlich muss es nicht immer der ganz „offizielle“ Weg sein. Denn es gibt sie noch, die klassischen „Zu Verkaufen“ Schilder im Fenster von leerstehenden Gebäuden oder im Außenbereich nahe Neubauten. Sehen Sie ein Haus, das offensichtlich nicht bewohnt ist, können Sie auch bei den Nachbarn klingeln und nachfragen, ob das Gebäude abzugeben sei. Wer ein wenig dezenter vorgehen möchte, dem sei geraten, einen Brief mit einer vorsichtigen Nachfrage zur Zukunft des Hauses zu hinterlassen sowie den eigenen Kontaktdaten. Neben Maklern und Banken können Sie sich auch bei anderen Experten umhören, zum Beispiel bei Hausverwaltern und Architekten. Die Fachleute haben die örtliche Immobilienlandschaft gut im Blick und könnten wertvolle Tipps geben.

- Kapitel 3 -

Bauträger, Makler, Amtsgericht – wer besorgt mir mein Haus?

Nicht nur der Immobilienmarkt in der Zeitung verspricht Hoffnung, wenn es um die Suche nach der richtigen Immobilie geht. Auch die Publikationen der Amtsgerichte halten mitunter Interessantes bereit. Das Stichwort lautet hier: Zwangsversteigerung. Vorab muss dazu gesagt werden, dass künftige Hausbesitzer, die diesen Weg einschlagen möchten, vor allem kompromissbereit sein müssen. Die Chance, dass sich bei den zu versteigernden Immobilien das Traumhaus schlechthin befindet, ist eher gering. Aber die Möglichkeit auf ein Schnäppchen ist umso größer und die veranschlagten Preise klingen verlockend. Auch hier gilt, dass die zuerst genannte Summe keinen fixen Preis darstellt, sondern den vom Gutachter ermittelten Wert der Immobilie. Gebote können auch unter diesen Wert abgegeben werden. Bei einer ersten Versteigerung müssen dabei gewissen Mindestgebote (50 oder 70% des ermittelten Wertes) erreicht werden, damit ein Käufer den Zuschlag erhält. Bei späteren Versteigerungen entfallen diese Wertgrenzen aber komplett.

Ein weiterer Vorteil ist, dass die zuständigen Behörden eine akribische Aufstellung der Gegebenheiten vor Ort mitgeben. Dazu kommen Gutachten und viele weitere hilfreiche Dokumente. Die sind meist lückenlos, können aber veraltet sein. Deshalb sollten Sie die Ausführungen genau überprüfen, falls Sie echtes Interesse haben. Einen ersten Blick können Sie immer von außen auf das Gebäude erhalten und Ihren Eindruck mit den Ausführungen des Amtes abgleichen. Manche Interessenten klingeln auch bei den Noch-Hausbewohnern. Aber: Im Sinne der Höflichkeit ist davon abzuraten. Schließlich sind die dort lebenden Menschen in einer finanziellen Notlage und müssen sich in vielen Fällen von ihrem Traumhaus, für das sie Jahre oder Jahrzehntelang gearbeitet haben, trennen. Hier stecken oft viele Emotionen dahinter, also ist mit der notwendigen Pietät heranzugehen. Sollten Sie den Kontakt zu den Besitzern suchen wollen, empfiehlt sich hier ebenfalls der bereits oben genannte Vorschlag mittels Briefform. Hierbei können Sie schriftlich Ihr Interesse bekunden, sollten aber auch Verständnis für die derzeit schwierige Lage der aktuellen Bewohner zeigen.

Mit etwas weniger Empathie, aber dafür mit mehr Entschlossenheit, können Sie an den Initiator der Zwangsversteigerung herantreten. Das ist in normalen Fällen die Bank, die dem Noch-Besitzer einst einen Kredit zubilligte. Es gilt zu beachten: Eine Zwangsversteigerung ist keine Pflichtveranstaltung vor Ort zum veranschlagten Gerichtstermin. Sehr wohl können Sie auch vorher der Bank ein entsprechendes

Angebot zum Hauskauf machen. Wenn es bei beiden Seiten passt und Sie den Zuschlag bekommen, kann das Geldinstitut die Versteigerung im Vorfeld absagen.

Kommt es zur Versteigerung und Sie möchten sich als Bieter betätigen, möchten die Behörden von Ihnen im Vorfeld Sicherheitsleistungen in der Höhe von zehn Prozent des Verkehrswertes sehen. Gerne wird gesehen, wenn jene Leistung bereits im Vorfeld erbracht wird. Das geht in der Regel durch einen bestätigten Scheck oder eine Überweisung des Betrags auf das Konto des Gerichts rechtzeitig vor der Versteigerung. Vor der Versteigerung sind noch zwei weitere, persönliche Vorbereitungsschritte notwendig. Der erste lautet: Setzen Sie sich ein Limit. Stellen Sie sich die Frage, wie viel Sie maximal bereits sind, auszugeben. Im Prinzip ist so eine Versteigerung wie ein Besuch im Casino. Denn ein bisschen Zockerei ist schon dabei. Aber auch am Poker- oder Roulettetisch sollte sich stets ein Limit gesetzt werden, sonst ist der Ärger im Nachhinein groß. Ihre persönliche Maximalgrenze sollte in jedem Fall stehen bleiben, komme was wolle. Bei besonders interessanten Objekten kann es zu regelrechten Bieterschlachten kommen. Sie sollten stets die Ruhe bewahren und sich nicht aus der Reserve locken lassen.

Eine Versteigerung dauert genau eine Bietstunde. Das mag irritieren, denn die genannte Stunde, dauert eigentlich nur 30 Minuten. Erst nachdem die halbe Stunde verstrichen ist, kann das Amtsgericht dem Höchstbietenden den Zuschlag erteilen. Zu Beginn der Bietstunde ist es in den Reihen der Interessenten meist noch ruhig. Je näher sich die Versteigerung dem Ende zuneigt, desto spannender wird es. Nach Ablauf der halben Stunde wird das Gericht nachfragen, ob noch weitere Gebote abgegeben werden. Gibt niemand mehr ein Gebot ab, endet die Versteigerung, werden aber jetzt noch Gebote genannt, verlängert sich die Versteigerung so lange, bis auf Nachfrage niemand mehr ein Gebot abgibt. Und hier der zweite Tipp, den Sie berücksichtigen sollten: Seien Sie sich darüber bewusst, dass, wenn der Hammer fällt, die 30 Minuten verstrichen sind und Sie soeben das höchste Gebot abgegeben haben, Sie nun der Besitzer des Hauses sind und es gibt keinen Weg zurück – mit einer Ausnahme. Falls Sie Schäden nach dem Kauf feststellen, die vorher nicht feststanden, können Sie von dem Kauf zurücktreten. Ansonsten gilt: Gekauft wie gesehen, beziehungsweise beschrieben. Einen Notarvertrag braucht es nun nicht, dafür sorgt das Amt. Nun geht es weiter mit der Finanzierung und den Versicherungen. Gerade die Versicherung ist sehr wichtig: Wenn der Auktionshammer fällt, sind Sie nämlich nicht nur der Eigentümer des Gebäudes, sondern auch dafür vollumfänglich haftbar.

Informationen zu aktuellen Versteigerungsterminen finden Sie im Internet auf der amtlichen Website der Justizbehörden: www.zvg-portal.de. Daneben gibt es weitere private Websites, die ebenfalls Objekte auflisten, die ebenfalls bald versteigert werden. Die Informationen, die dort geliefert werden, sind jedoch identisch mit denen auf der Website der Justizbehörde. Weitere Erkenntnisse werden Sie dort also nicht sammeln können.

Falls Sie doch einen anderen Weg zur Immobilie einschlagen wollten, sei Ihnen der Makler ans Herz gelegt. Dies ist besonders für diejenigen eine Option, die entweder keine Zeit haben, selbst zu suchen, sich selbst nicht das „richtige Auge“ bescheinigen oder schlichtweg keine Lust haben, auf die Suche zu gehen. Der Makler hat einen entscheidenden Vorteil: Bei der Haussuche ist er stets auf Ihrer Seite. Schließlich ist eine erfolgreiche Haus- oder Wohnungssuche auch in seinem Interesse. Denn am Ende steht bei einem Vermittlungserfolg die Provision und somit das Gehalt des Maklers. Wenn Sie dann noch rundum zufrieden sind, hat der Fachmann seinen Job gemacht. Der will jedoch genau ausgesucht werden. Die Suche nach dem richtigen Makler ist manchmal gar nicht schwer. Vielleicht hat jemand aus Ihrem Bekannten- oder Freundeskreis einen guten Tipp für Sie. Diese Option fällt meistens weg, wenn Sie weiter entfernt Eigentum erwerben möchten. Dann, aber auch grundsätzlich, lohnt sich der Blick auf die Internetpräsenz des Maklers. Weitere Einblicke bieten auch die Schaufenster des Maklerbüros. Achten Sie darauf, dass möglichst viele Angebote einer möglichst großen Bandbreite verschiedener Immobilien präsentiert werden.

Ein guter Makler kann Ihnen sowohl ein altes Fachwerkhaus als auch ein mondänes Apartment vermitteln.

Hier zählt wie so oft der erste Eindruck. Eine 100-prozentige Garantie für Seriosität gibt es sowieso nicht. Immobilienmakler ist kein geschützter Beruf. Jeder kann sich also Makler nennen, unabhängig von der beruflichen Qualifikation. Eine „Bundesmaklerkammer" existiert ebenfalls nicht, wohl aber der Immobilienverband Deutschland IVD, der Bundesverband der Immobilienberater, Makler, Verwalter und Sachverständigen. Hinter dem langen Namen verbirgt sich ein Verein mit etwa 6.000 Mitgliedern, der so für etwas mehr Seriosität sorgt.

Bei aller möglichen Sympathie und Vertrauen ist der Handschlag beim Beauftragen eines Maklers nicht die richtige Wahl. Fixieren Sie den Auftrag schriftlich. Dieser Auftrag sollte neben den persönlichen Angaben konkret beinhalten, was Sie suchen. Also: Maximalpreis, Immobilientyp, Größe, Bauweise, Baujahr, besondere Wünsche bei der Ausstattung und die jeweilige Region und so weiter. Eben das, was Sie sich im ersten Kapitel ausgemalt haben, wenn es um Ihre Traumimmobilie geht – zuzüglich aller persönlichen Kompromisse. Dieser förmliche Auftrag hat den Zweck, nicht in bestimmte Fallen zu geraten. Eine davon die „doppelte Provision". Deshalb ist von einem Alleinauftrag abzuraten. Denn dann kann folgendes passieren: Sie beauftragen einen Makler mit einem ebensolchen Alleinauftrag, kommen aber durch eigenständige Suche (oder Zufall) an Ihre absolute Traumimmobilie, die von einem anderen Makler betreut wird. Entscheiden Sie sich für den Kauf, kann eine zweifache Provision fällig werden: Einmal die für Ihren beauftragten Makler, und die andere für den Makler, der die Immobilie anbietet. Manchmal kommt es vor, dass Sie außerdem ein Objekt angeboten bekommen, das Sie beispielsweise von einem Immobilienportal kennen. Machen Sie nicht den Fehler und horchen Sie bei Ihrem Makler nach weiteren Details zu der Immobilie nach. Dann kann unter Umständen eine Provision nach dem Erwerb des Objektes fällig werden. Richtig ins Fettnäpfchen getreten sind Sie dann, wenn Sie bei verschiedenen Maklern wegen des selben Hauses oder derselben Wohnung anfragen. Sicherlich fragen Sie sich jetzt, wie das überhaupt passieren kann. Wenn Sie jedoch, sagen wir, 30 Häuser als Angebot haben, kann es schon mal sein, dass zukünftige Immobilienbesitzer etwas durcheinanderbringen. Vor allem dann, wenn Sie über einen langen Zeitraum nach einem Objekt suchen. Beide Makler werden eine erfolgreiche Vermittlung als ihren Erfolg verbuchen und verlangen folglich auch die Provision. Jetzt sind Sie in der Beweispflicht, dass Sie das Angebot schon vorher kannten. Das kann eben ein schriftliches Angebot eines der Makler sein oder eine Bescheinigung, dass Sie bereits mit dem Verkäufer Kontakt aufgenommen haben.

Grundsätzlich kann schon die geringste Kontaktaufnahme zu einem kostenpflichtigen Auftrag führen. Wenn Sie zum Beispiel „einfach mal“ den Makler anrufen und fragen, ob er denn etwas Passendes für Sie hätte, könnte der Makler das bereits als erfolgten „Auftrag“ werten, obwohl es für Sie nur einen kleine „Anfrage“ war. Hier bestehen Unterschiede. Denn wird die Nachfrage als Auftrag verstanden, könnte dies nach Erledigung bereits eine Provisionszahlung nach sich ziehen. Eine „Gaunerei“ ist das nicht. Sie haben schließlich einen Experten kontaktiert. Rechtlich betrachtet ist dieses Vorgehen einwandfrei.

Kappen Sie diesen Stolperdraht, bevor es richtig los geht. Dies bewerkstelligen Sie, indem Sie den Auftrag schriftlich einreichen und nicht nur das angeben, was Sie wollen, sondern auch das, was Sie ausdrücklich nicht wollen. Schließlich bringt Ihnen der Makler nichts, der nur bei Immobilienportalen oder ähnlichem stöbert – das können Sie ja auch. Und dafür unnötig Geld zu berappen wäre ärgerlich. Schließen Sie also derartiges Verhalten konsequent aus. Das funktioniert ganz einfach: Der Satz „Bitte bieten Sie mir keine Angebote aus Immobilienanzeigen an“ – fertig. Diese Liste ist beliebig zu ergänzen, je nach persönlichem Geschmack.

Und eines zum Schluss: Versuchen Sie nicht, den Makler übers Ohr zu hauen. Es gab zum Beispiel solche Szenarien: Sie schauen sich intensiv das Angebot eines Maklers an, ohne ihn anzuheuern. Mit diesen Informationen wird ein Freund oder Verwandter ausgestattet, der nun bei den Nachbarn klingelt, um die Kontaktdaten des Verkäufers des Objektes zu erfragen. Nun hat der Freund seinen Job erledigt und Sie kontaktieren den Verkäufer und bringen Ihre Kaufabsicht vor. Der Verkäufer freut sich, dass er sein Objekt loswird, fragt aber dennoch nach, wie Sie denn auf sein Haus oder seine Wohnung gekommen wären. Dann können Sie felsenfest sagen: „Das hat mir ein Freund erzählt." Stimmt auch, irgendwie. Nun, dass der Freund in Ihrem Auftrag seine Recherche gestartet hatte, verschweigen Sie tunlichst. Denn Sie haben ja ein Ziel: Die Provision für den Makler auf Ihrem Girokonto lassen. Sollte der jedoch davon Wind bekommen, dass Sie durch sein Angebot auf das Objekt aufmerksam wurden, wird er in jedem Falle versuchen, eine Provision zu erlangen. Aber wie soll er das herausfinden? Schwachstellen gibt es überall. Vielleicht haben Sie schon einmal von dem Makler einen Newsletter mit eben diesem Angebot bekommen. Dann braucht der Fachmann nur einmal seinen E-Mail-Verteiler checken – sind Sie dort als Empfänger registriert, bröckelt die Geschichte mit dem Freund schon ziemlich. Solche Kuriosa sind natürlich nicht an der Tagesordnung. Und weder Makler oder Immobilieninteressierte sind Gauner. Generell sind Sie gut bestellt, wenn Sie den Kontakt mit Ihrem Makler auf einem fachlichen Niveau belassen und ihn den Auftrag – wie erwähnt – in schriftlich fixierter Form erteilen.

Eine weitere Option, um das persönliche Traumhaus zu finden, bietet auch derjenige, der Ihnen ein Haus baut. Ein Bauträger bietet Ihnen ein rundum-sorglos-Paket und vermittelt Ihnen ein Grundstück, die Planung und den Bau aus einem Guss. Das ist bequem, denn Sie müssen nicht jedes Detail der Immobilie selbst durchexerzieren. Das Haus ist komplett entworfen und somit das, was wir als „Fertighaus" kennen. Oft stellen diese Firmen ein entsprechendes Hausmodell oder mehrere als Anschauungsobjekte auf. In diesen Fertighaussiedlungen bietet sich Ihnen die Möglichkeit, sich einen Einblick Ihres potenziellen neuen zu Hauses zu verschaffen. Über diese Möglichkeit können Sie an einen Neubau kommen, ohne selbst Bauherr zu sein. Das ist enorm praktisch und spart Aufwand und mitunter auch Ärger. Außerdem haben Sie mit dem Bauträger einen Ansprechpartner für wirklich alle Fragen. So komfortabel dies auch sein mag: Entscheiden Sie sich für ein solches Haus, geht Ihnen ein großer Teil Mitbestimmungsrecht verloren. Denn alles ist bis ins letzte Detail vorgeplant. Das heißt jedoch nicht, dass das Haus überhaupt schon steht. Sie können auch ein Haus erwerben, das erst noch gebaut werden muss und hoffentlich auch wird. Und nicht immer gibt es Anschauungsobjekte, also Musterhäuser, die bereits fertig sind. Die komplette „Katze im Sack" müssen Sie jedoch nicht kaufen: Der Bauträger ist seit 2018 gesetzlich dazu verpflichtet, Ihnen vor dem Kauf eine Baubeschreibung zu überlassen. Bei seriösen Anbietern war das aber bereits in der Zeit davor schon üblich. Die Baubeschreibung bietet einen guten Einblick auf die zu erwartende Qualität des Objekts, sollte gleichzeitig aber sorgfältig geprüft werden. Gleiches gilt für den Bauvertrag. Die Baubeschreibung soll Sie im Detail informieren, spart aber manchmal besonders bei den Einzelheiten. So wird aufgelistet, welches Material verbaut wird – aber nicht wie viel es kostet! Verpflichtend muss die Baubeschreibung nur die wesentlichen Merkmale des Gebäudes auflisten, die viele dutzend Seiten füllen. Darin befindet sich der Grundriss und Angaben zur Technik, Wasser und Abwasserleitungen und so weiter. Das ist zunächst viel Information auf einmal. Gleichzeitig listet die Baubeschreibung akribisch das auf, was Sie bekommen. Falls Sie zusätzliche Sonderwünsche haben, zum Beispiel bei der Ausstattung der Innenräume, kann dies schnell teuer werden. Denn alles, was über das Komplettpaket hinausgeht, zahlen Sie extra. Zumindest sollten Sie sich darauf gefasst machen, dass das so sein könnte. Denn das ist nicht immer so: Andere Bauträger setzen diese Wünsche sogar kostenfrei um. Und dann gibt es noch die ganz undiplomatische Variante. Manche Fertighausbauer verwenden nur die angebotene Ausstattung, und zwar ohne Kompromiss. Die Extraausstattung macht diesem Typ Bauunternehmer nur unnötige Arbeit. Bestehen Sie dennoch auf Ihre Sonderwünsche, müssen Sie selbst entsprechende Handwerker engagieren. Mit diesem Schritt verlieren Sie aber die Garantie des Bauträgers. Die Gewährleistung, die ansonsten im Regelfall über fünf Jahre gültig ist, erlischt sofort und etwaige Schäden können nicht mehr geltend gemacht werden. Das gilt auch, wenn Sie selbst handwerklich aktiv werden. Gerne gesehen ist das bei Bauträgern sowieso nicht und wird oft im Vorfeld untersagt, bevor Sie überhaupt zu Akkuschrauber und Hammer greifen können.

Neben den Vor- und Nachteilen bestehen auch handfeste Gefahren, falls Sie ein Haus bei einem Bauträger erstehen. Im schlimmsten Fall geht der Bauträger bankrott, während Ihr Eigenheim gerade gebaut wird. Wenn kein Geld mehr da ist, geht auf der Baustelle gar nichts mehr. Oft finden sich andere Bauträger, die den Bau weiterführen. Aber bis das passiert, kann oftmals viel Zeit verstreichen. Auch zusätzliche Kosten durch Aufpreise durch die neue Firma sind nicht selten. Absichern können Sie sich durch die Makler- und Bauträgerverordnung, kurz MaBV. Die Verordnung bietet einen grundsätzlichen Schutz und regelt, wann ein Bauträger von Ihnen Geld verlangen darf. Dies ist ausschließlich nach dem Abschluss des Kaufvertrags der Fall und keinesfalls früher. Wichtig ist, dass in diesem Kaufvertrag ein Zusammenhang zwischen dem Erwerb eines Grundstücks und eines Bauvorgangs besteht. Erst dann ist der Vertrag durch die MaBV geregelt. Bevor Rechnungen seitens des Bauträgers geschrieben werden können, müssen alle zuständigen Ämter das Vorhaben genehmigt haben. Auch ein Notar muss seinen Segen geben und viele weitere Details erfüllt sein. Erst wenn diese Voraussetzungen stimmen, darf Ihnen eine Rechnung ausgestellt werden. Achten Sie darauf, dass die getrennte Kontenführung eingehalten wird. Denn der Bauträger darf Ihr Geld nur für den Hausbau verwenden – und nichts anderes. Es ist nicht möglich, dass der Unternehmer Ihre finanziellen Mittel auf einem privaten Konto parkt. Grundsätzlich gilt: Ihr Geld ist für Ihr Haus bestimmt. Eine Ausnahme besteht, wenn Ihnen die finanziellen Mittel von einer Bank bereitgestellt werden. Dann fließt das Geld direkt von dem Kreditinstitut zum Bauträger. Zweckgebunden ist es trotzdem.

Deshalb ist es wichtig, sich über den Bauträger zu informieren, bevor Sie einen Vertrag abschließen. Checken Sie die Außenwirkung der Firma genauso, wie wir es auch bei dem Makler empfohlen haben. Ein wichtiges Kriterium sind die Referenzen. Hat der Bauträger bereits einige Projekte erfolgreich auf die Beine gestellt? Sind die Kunden zufrieden? Bestens! Gute Bewertungen und umgesetzte Projekte lassen sich leicht im Internet recherchieren. Weiterhin sollten die beruflichen Qualifikationen der Geschäftsführer unter die Lupe genommen werden und auch die Geschichte der Firma. Wer länger auf dem Markt besteht als andere, nimmt sein Geschäft in der Regel ernst. Positiv ist auch zu werten, wenn Ihnen seitens des Trägers Bürgschaften oder Versicherungen angeboten werden.

Natürlich können Sie auch einen Gutachter oder einen Anwalt für Immobilienrecht kontaktieren, der für Sie den Vertrag auf Herz und Nieren prüft, falls Sie einen Entwurf erhalten. Gleiches gilt für die Allgemeinen Geschäftsbedingungen. Auch hier sollte Ihr Anwalt eine Prüfung vornehmen. Manchmal kommen Bauträger dem künftigen Hausbesitzer auch entgegen und bestellen selbst einen Gutachter, um zu dokumentieren, dass bei dem Bau alles seine Richtigkeit hatte. Damit sichern sich auch die Bauträger ab.

Grundsätzlich gilt: Bequemer als beim Bauträger geht der Hausbau wirklich nirgends. Aber achten Sie auf unbequeme Fallstricke und absolute Seriosität beim Anbieter. Dann steht Ihrem frisch gebauten neuen Eigenheim nichts im Wege.

Teil II

Die Sondierung

- Kapitel 4 -

DIE ERSTEN ANGEBOTE: ERST ANALYSIEREN, DANN ÜBERPRÜFEN

Ganz egal für welchen Weg Sie sich entschieden haben, ob Sie Kleinanzeigen gewälzt haben oder einen Makler angeheuert haben: Irgendwann liegen die ersten Angebote vor Ihnen. Dass darunter auch Ihre Traumimmobilie ist, mögen Sie sich vielleicht wünschen. Aber wissen können Sie das noch nicht. Auch wenn im Exposé alles wunderbar aussieht, wird Ihre grundsätzliche Entscheidung erst dann fallen, wenn Sie das Objekt vor Ort besichtigen. Viele Details fallen Ihnen erst dann auf. Zum Beispiel der Erhaltungszustand oder die Lage.

Aber alles der Reihe nach. Das erste, was Sie sehen sollten, ist ein Exposé. Das ist sozusagen der Steckbrief eines Hauses inklusive Lebenslauf. Es enthält eine Vielzahl von wissenswerten Details zum Objekt und wartet mit vielen Daten und Fakten auf.

Folgende Fragen sollte ein Exposé in jedem Fall beantworten:

- *Welche Objektart liegt vor?* (Wohnung oder Haus, Angaben zum Grundstück)
- *Wie ist die Bauweise?* (Massivhaus oder Fertighaus?)
- *Wie groß ist die Fläche?* (Anzahl aller Zimmer und Nebenräume, Quadratmeter, Größe des Grundstücks, Grundriss)
- *Wie ist der Erhaltungszustand?*
- *Besteht Reparaturbedarf?* (Mängel und Schäden sollten aufgeführt werden)
- *Wann wurde saniert oder repariert?*
- *Wie hoch ist der Preis?*
- *Ist der Preis fest oder verhandelbar?*
- *Wie sieht das Objekt aus?* (Fotos von außen und innen sollten vorliegen)
- *Wie ist die Umgebung?* (zum Beispiel, ob das Objekt im Luxusviertel oder in Bahnhofsnähe liegt)
- *Wie ist die Lage?* (Stadt bzw. Gemeinde inklusive Stadt- bzw. Ortsteil)

Manche Punkte scheinen selbstverständlich. Studieren Sie das Exposé dennoch gründlich. Sind diese Punkte alle ausführlich genug im Exposé dargestellt, drohen im Nachhinein weniger Überraschungen. Vermissen Sie für Sie wichtige Punkte, fragen Sie unbedingt nach. Gerade bei der genauen Lage lohnt es sich, nachzuhaken. Wenn Sie von einer Eigentumswohnung in der Hauptstadt träumen, reicht die Angabe „Berlin“ nicht einmal im Ansatz. Die Information, ob Ihre künftige Wohnung in Berlin-Mitte oder Berlin-Wartenberg liegt, dürfte Sie sicherlich interessieren.

Außerdem sei hier noch einmal der Hinweis auf die Reisekataloge gestattet. Eigentlich ist ein Exposé eine trockene und nüchterne Angelegenheit. Mancher Anbieter versucht aber, das Objekt sprachlich etwas hervorzuheben. Finden Sie die Formulierung „Ein Paradies für Heimwerker“, können Sie sich schon einmal auf einen erhöhten Sanierungsbedarf freuen. Eine Lücke im Exposé hingegen ist nicht per Definition schlecht. Oft möchte Ihnen der Verkäufer Einzelheiten vor Ort erklären. Andere Details werden vielleicht nicht für allzu relevant betrachtet und werden deshalb ausgespart. Wie gesagt: Vermissen Sie eine für Sie bedeutsame Information, lohnt sich die Nachfrage immer.

Das gilt auch für die Informationen, die aus einem Grundriss ersichtlich sein sollten. Denn auch die Schemazeichnung der Immobilie kann qualitative Unterschiede aufweisen. Prüfen Sie, ob der Grundriss aktuell angefertigt und professionell gezeichnet wurde. Der erste Punkt ist gerade bei älteren Häusern wichtig. Es kann durchaus sein, dass die Vorbesitzer das Gebäude über die Zeit baulich verändert haben. Im Laufe der Jahre wurden vielleicht Zwischenwände gezogen, die im Grundriss nicht vermerkt sind. Auf einem alten Plan können solche für Sie wichtigen Informationen vergessen worden sein. Außerdem sollte der Grundriss grundsätzlich ansprechend und modern wirken. Das ist nicht immer der Fall. Grundrisse, die per Hand gezeichnet wurden, gibt es auch heute noch.

Neben dem Grundriss gibt es noch ein weiteres und sehr wichtiges Schriftstück: Den Energieausweis. Sie dürfen nach diesem nicht nur ausdrücklich fragen, Sie haben sogar das verbriefte Recht, ihn zu sehen. Auch in einer Immobilienanzeige muss der Ausweis erwähnt werden. Wer bei dem Wort „Ausweis“ an ein handliches Kärtchen wie dem Personalausweis oder den Führerschein denkt, irrt: Ein Energieausweis ist eine recht komplizierte Angelegenheit. Denn es gibt zwei Arten solcher Schriftstücke: Den Bedarfsausweis und den Verbrauchsausweis. Ersterer prognostiziert den voraussichtlichen Bedarf von Energie, während der Verbrauchsausweis – die Bezeichnung lässt es bereits vermuten, den tatsächlichen Verbrauch auflistet. Soll heißen: So viel Energie wurde im Objekt wirklich verbraucht. Zwei weitere Angaben sind weiterhin wichtig. Dies ist zum einen die verpflichtende Angabe, welcher Energieträger (also Öl, Gas, Pelletheizung, etc.) verwendet wird und die Effizienzklasse. Die Bandbreite reicht von A+ bis zum Buchstaben H und beschreibt die Energiekosten pro Quadratmeter. Achten Sie hier ganz besonders drauf. Denn die Kosten variieren ganz erheblich!

Da der Verbrauchsausweis nicht mit Hochrechnungen arbeitet, sondern mit Fakten, wird dieser in der Praxis deutlich häufiger verwendet. Neubesitzer sollten jedoch nicht den Fehler machen und annehmen, dass der festgehaltene Energieverbrauch auch genauso wieder eintritt. Denn der Faktor, der den echten Verbrauch bestimmt, sind die Menschen, die in einem Haus leben. Versuchen Sie zumindest grob, Ihren realen Energieverbrauch einzuschätzen, indem Sie den Verbrauchsausweis als Rechnungsgrundlage nehmen. Wenn Sie mit Ihrer Familie (Zwei Erwachsene plus zwei jugendliche Kinder) einziehen und die Vorbesitzer waren ein Ehepaar ohne Kinder, wird der Energieverbrauch zwangsläufig steigen.

Falls Sie auf der Suche nach einer Eigentumswohnung sind, sollten Sie beachten, dass der Verbrauchsausweis für das ganze Haus gilt. Innerhalb der einzelnen Parteien kann es zu erheblichen Unterschieden des Energieverbrauches kommen. Das ist nicht nur den Bewohnern geschuldet. In Wohnungen im mittleren Teil eines Hauses wird Energie ganz anders verbraucht als in einer Keller- oder Dachgeschosswohnung. Diese Wohnung ist schließlich von oben und unten ganz zwangsläufig gedämmt.

Wie bereits erwähnt, ist das Vorhandensein eines Energieausweises eine verpflichtende Angelegenheit – aber nur fast immer. Das „fast" bezieht sich auf denkmalgeschützte Bauten wie zum Beispiel alte Fachwerkhäuser. Diese

Objekte benötigen keinen Ausweis. Sollten Sie sich in ein solches „Schätzchen" verlieben, werden Sie hoffentlich ohnehin schon wissen, was auf Sie zukommt. Alte Häuschen haben in der Regel eine außerordentlich schlechte Energiebilanz und ohne eine Grundsanierung bleibt das auch so.

- Kapitel 5 -

DAS UMFELD MUSS STIMMEN

Egal, wie sehr eine Immobilie in einem Exposé auch angepriesen wird, egal, wie sehr der Grundriss Ihnen zusagt und egal, in welchen höchsten Tönen der Makler ein Objekt anpreist – am Ende entscheidet immer nur einer darüber, ob ein Haus oder eine Wohnung gut ist oder nicht. Und das sind Sie! Schon der erste Eindruck zählt und das, sobald Sie die Tür zu Ihrem möglicherweise neuen Domizil öffnen. Licht, Geruch, Geräusche – alles das zählt auf dem Weg zum neuen Traumhaus.

Der erste Schritt auf diesem Weg ist aber nicht der Blick ins Haus und auch nicht auf die Außenanlagen. Schauen Sie sich zuerst das Umfeld an. Wie wirkt die Lage auf Sie? Ist es eher ruhig oder bemerken Sie jetzt schon eine eher störende Geräuschkulisse. Diese Frage ist mitunter gar nicht so leicht zu beantworten. Liegt das Objekt in unmittelbarer Nähe eines Gewerbegebietes? Falls ja, wie viel Uhr ist es gerade? Denn in solchen Gebieten findet morgens viel Anliefer- oder Kundenverkehr statt. Manchmal finden – gerade bei berufstätigen Interessenten – die Besichtigungen abends statt. Falls dies bei Ihnen auch der Fall ist, sollten Sie bedenken, dass mitunter dann der größte Stoßverkehr bereits vorbei sein könnte. Auch an Samstagen ist hier etwas los. Bedenken Sie diesen Umstand genau. Sollten Sie ein Problem mit rangierenden Lkws haben, könnte das Objekt doch nicht so ideal sein, wie zunächst angenommen. Deshalb: Besuchen Sie das Objekt mehrfach und prüfen Sie das Umfeld zu verschiedenen Tageszeiten, Wochentagen und – ja, auch das ist wichtig – Wetterlagen.

Manche Lärmquellen sind offensichtlich. Liegt das Haus an einem Bahnhof, werden Sie das schon wissen und möglicherweise in Kauf nehmen. Möglicherweise kann dies auch ein Ausschlagkriterium im positiven Sinne sein. Zum Beispiel dann, wenn Sie beruflich pendeln und viel mit der Bahn fahren. So verhält es sich auch mit Bushaltestellen. Gleiches gilt für ein Objekt in Autobahnnähe. Möglicherweise befindet sich auch eine Schule in der unmittelbaren Umgebung. Falls Sie selbst Kinder haben, kann das praktisch sein, anderseits aber auch eine erhebliche Lärmquelle darstellen. Auch das Verkehrsaufkommen zu Schulbeginn und Schulschluss kann für Sie durchaus eine Beeinträchtigung darstellen.

Außerdem gibt es weitere Fragen zu klären: Gibt es unbebaute Flächen in der Umgebung des Gebäudes? Falls ja: Was genau befindet sich dort? Wiesen oder Parks bieten einen Bonus in Sachen Optik und eine willkommene Möglichkeit der Freizeitgestaltung. Gleiches gilt für Wälder.

Die punkten bei der Geräuschkulisse, denn außer Vogelgezwitscher und knackendem Geäst wird Sie hier kaum etwas stören. Anders sieht es bei Feldern aus. Die sind optisch wundervoll anzusehen, sind allerdings auch Wirtschaftsflächen (das gilt auch oft für Wälder, jedoch nicht in dieser Intensität). Landwirte bestellen ihre Felder mit schwerem Gerät. Das könnte zu Erntezeiten ein Störfaktor werden. Aber wie immer gilt auch hier: Haben Sie kein Problem, gibt es kein Problem. Etwas ernster wird es bei Objekten in der Nähe eines Baches oder Flusses. Hochwasser ist eine reale Gefahr, auch wenn die Fließgewässer noch so beschaulich wirken mögen. Auch kleine Bäche können bei Starkregenereignissen zu tosenden und zerstörerischen Strömen heranwachsen. Fragen Sie den Makler oder den Eigentümer, inwiefern Hochwasser eine Gefahr darstellt und welche Schutzmaßnahmen bestehen. Der Blick in die weiter entfernt liegende Umgebung lohnt sich in Bezug auf Hochwasserschutz ebenfalls. Prüfen Sie, ob Rückhaltebecken in der Region vorhanden sind. Ein Flughafen in der Nähe mag lästig sein, ein Gewerbegebiet ebenso – aber wenn Ihnen in ein paar Jahren das Wasser im Haus steht, ist das existenzbedrohend.

Achten Sie auch auf die Nachbarschaft. Wirken die Gebäude und die Grünanlagen drumherum gepflegt oder eher vernachlässigt? Sicher wollen Sie sich nicht in die grünpflegerischen Belange der Nachbarn einmischen – auch hier geht es ausschließlich um Ihr persönliches Empfinden.

Schließlich sollten Sie sich im Kreise der anderen Häuser wohlfühlen. Apropos Nachbarschaft. In der unmittelbaren Umgebung könnte es auch Geschäfte für den alltäglichen Bedarf geben, die Ihnen das Leben im neuen Haus erleichtern. Das ist auch ein viel zitierter Grund, warum manche (ältere) Menschen ein Domizil in innerstädtischen Bereichen suchen. Am besten ist es, wenn Sie einen ausgedehnten Spaziergang „rund um den Block" machen. Gibt es einen Supermarkt, einen Bäcker oder finden um die Ecke Wochenmärkte statt? Falls ja, könnte das Auto in der Garage bleiben und Sie sparen sich das Spritgeld. Wichtig können auch niedergelassene Ärzte und eine Apotheke sein. Auch Möglichkeiten zur Gestaltung der Freizeit werten das Umfeld erheblich auf. Gibt es Restaurants oder Bars, Sportplätze inklusive Verein, Museen, Theater oder Kinos? Falls Sie Kinder haben, sind Spielplätze in der Nähe wichtig. Und für manche Altersklassen ist die Anwesenheit eines Pflegedienstes ein wichtiger Punkt für die weitere Lebensplanung. Ein Tipp: Sprechen Sie auf Ihrem Rundgang auch Nachbarn an. Gibt es einen totalen Störfaktor, den Sie noch nicht realisiert haben, die Anwohner aber seit Jahren stört? Oder ist in den nächsten Monaten eine Großbaustelle gleich vor dem Objekt durch die Behörden angekündigt? Alle diese Dinge könnten für Sie demnächst relevant werden, also halten Sie Ohren und Augen auf.

- Kapitel 6 -

NEBENKOSTEN: BLOẞ NICHT UNTERSCHÄTZEN!

Selbstverständlich gibt es nirgendwo in Deutschland das absolute „Nahversorgungsutopia". Auch falls die unmittelbare Umgebung ein breites Spektrum von Einkaufs- und Freizeitmöglichkeiten bereithält, wird sicher nicht wirklich alles, was Sie zum Leben und Wohlfühlen benötigen, gleich vor der Haustüre auf Sie warten. Dies gilt vor allem dann, wenn Sie sich für ein Haus im Grünen entscheiden. Gerade in den Dörfern schrumpft das Angebot im Einzelhandel seit einigen Jahrzehnten beachtlich. Glücklich können sich noch diejenigen Orte schätzen, die einen Metzger oder Bäcker im Dorf haben. Auch die urtümlichen Tante-Emma-Läden gibt es manchmal noch. Natürlich bedeutet das nicht, dass Sie dort tatsächlich einkaufen werden oder müssen. Sicher fördern Sie so den lokalen Einzelhandel, aber die Angebote sind oft begrenzt. Das gilt auch für den örtlichen Landgasthof – nicht jedes gastronomische Angebot trifft Ihren Geschmack. Somit ist ein gewisses Maß an Mobilität zwingend erforderlich. Oftmals sind gerade auf dem Land zwei Fahrzeuge pro Haushalt nötig. Dies ist meist dem Arbeitsplatz geschuldet.

Ein kleines Dorf bietet in der Regel keine große Auswahl an Jobmöglichkeiten an, die eine berufliche Umorientierung realistisch machen würden. Arbeiten beide Partner oder muss das Kind zur Schule oder Kindertagesstätte, ist ein zweites Auto somit zwingend erforderlich. Logisch, dass sich das Vorhandensein zweier Pkw auf die monatlichen Kosten auswirkt. Der Stadtbewohner hat hier oft Vorteile. Vielleicht ist die Schule fußläufig oder per Fahrrad schnell erreichbar. Ein Busticket muss allerdings auch bezahlt werden, gleiches gilt für das Ticket für die Bahn. Generell sind im Bereich des Öffentlichen Personennahverkehrs die Kosten gut kalkulierbar. Oft gibt es Monatstickets oder spezielle Angebote für Familien. Im ländlichen Raum sind die Angebote oft spärlicher. Je nach Wohnort ist eine teilweise stundenlange Fahrt mit dem Bus keine echte Alternative. Deshalb wird der Individualverkehr – die Fahrt mit dem eigenen Auto – im ländlichen Raum auch in der Zukunft ein wesentlicher Bestandteil des Alltags sein. Und der Unterhalt von einem oder zwei Kfz kostet Geld. Benzin, Versicherungen und notwendige Reparaturen werden sich in Ihrer Geldbörse deutlich bemerkbar machen. Je nach Situation sind bis zu 1.000 Euro an Mobilitätskosten möglich. Diesem Umstand stehen wiederum auf dem Land niedrigere Grundstückspreise gegenüber. Es gilt also, genau zu kalkulieren. Gerade dann, wenn es zusätzlich hohe Kreditraten für das eigene zu Hause abzuzahlen gibt.

- Kapitel 7 -

DIE BESICHTIGUNG: BLEIBEN SIE REALISTISCH!

Die Besichtigung eines Objektes ist ohne Zweifel der wichtigste Part auf dem Weg zum neuen Eigenheim. Und nochmal: Ganz egal, ob Preis, Lage, Umfeld und alle weiteren Details passen – Stimmt das Bauchgefühl beim Betreten der Wohnung oder des Hauses nicht, dann passt alles nicht. Dass es die „Liebe auf den ersten Blick“ auch bei einer Immobilie gibt, ist kein hohles Sprichwort. Ob amouröse Gefühle für Haus und Hof nun eine gute Sache sind, oder nicht, muss von zwei Seiten betrachtet werden. Wenn Ihnen das Objekt schon beim Schritt über die Türschwelle gefällt, ist das ein sehr positives Gefühl. Es besteht aber auch die Gefahr, alles zu sehr durch die „rosarote Brille“ zu sehen. Heißt: Sie finden ein Haus oder eine Wohnung toller als es oder sie eigentlich ist, nehmen Defekte nur unzureichend wahr oder grundlos in Kauf und finden alles großartig, was Sie sehen. Es sollte tunlichst vermieden werden, in diese „Emotions-Falle“ hineinzustolpern. Das Beste, was Sie machen können, ist, das gerade Gesehene sacken zu lassen und eine Nacht darüber zu schlafen. Aber der wichtigste Punkt der Reflexion fängt beim Besichtigen an. Das Motto lautet: Bloß nicht überschwänglich werden und immer schön realistisch bleiben. So können Sie sich gleich mehrfach negative Erfahrungen sparen. Auch der Makler achtet genau auf Ihre Reaktionen. Merkt er, dass Sie das Objekt direkt in Ihr Herz geschlossen haben und unbedingt am selben Tag noch einziehen möchten, wird er beim Preis weniger verhandlungsbereit sein. Sie laufen Gefahr, einen höheren Preis zu bezahlen, als Sie eigentlich müssten. Deshalb lautet der Tipp: Strahlen Sie auch nach außen einen nüchternen Realismus aus! Das fällt nicht unbedingt leicht. Denn eine Besichtigung ist immer aufregend, daran gibt es keinen Zweifel. Schließlich könnte es sich bei dem Objekt, das Sie soeben betreten haben, um das Haus, in dem Sie den Rest Ihres Lebens verbringen, handeln.

Ein erster Schritt, um sich mit Realismus an die Gegebenheiten vor Ort heranzutasten, ist das Ausprobieren. Testen Sie die Funktionen im Haus, gerade die essentiellen Dinge. Drehen Sie die Thermostate auf und schauen, ob die Heizkörper warm werden. Sehen Sie sich gründlich im Keller um. Testen Sie die Wasserhähne kurz und prüfen, ob Wasser fließt. Öffnen Sie Türen und Fenster und checken Sie, ob diese bündig schließen. Auch auf die Dichtungen der Fenster sollten Sie achten. Fragen Sie ruhig nach, ob Sie Fotos machen können. So haben Sie nach der Besichtigung genügend Zeit, alles noch einmal anzuschauen. Denken Sie bitte daran, dass, gerade wenn das Objekt noch bewohnt wird, ein Einverständnis der Bewohner wichtig ist. Alles andere wäre unhöflich.

Wenn Sie Fotos anfertigen und diese im Nachgang prüfen, können Ihnen auch Schäden auffallen, die Sie während der Besichtigung übersehen haben. Sollte dies der Fall sein, melden Sie die Mängel umgehend Ihrem Makler beziehungsweise dem Verkäufer. Reklamieren Sie diese zu spät, also nach dem Kauf, heißt es „Gekauft wie gesehen". In diesem Fall müssen Sie später für die Beseitigung der Schäden selbst aufkommen und diese aus eigener Tasche bezahlen. Darüber lesen wir später noch mehr.

Eine rechtzeitige Nachfrage lohnt sich auch bei kleineren Mängeln. Denn manchmal entwickeln sich Kleinigkeiten zum ausgewachsenen Sanierungsfall. Ist beispielsweise Laminat hochgekommen, muss irgendwo Feuchtigkeit sein. Die Gründe können von einem undichten Rohr kommen, anderseits kann der Grund aber auch ganz harmlos sein.

Achten Sie auf folgende Fragen und gehen Sie alles akribisch durch. Fangen wir bei den Innenräumen an:

Welcher Belag wurde bei den *Fußböden* verwendet? Welches Alter hat der Boden und ist er ordentlich und ohne Lücken verarbeitet? Gibt es sichtbare Schäden wie Wasserschäden, Flecken, ausgebrochene Stücke, Brandflecken? Ist der Boden eher pflegeleicht oder pflegeintensiv?

Wie ist der Zustand der *Zimmerwände*? Gib es Wasserschäden oder sichtbaren Schimmel? Sind Risse vorhanden? Gibt es Verfärbungen? Wie ist der Zustand der Tapeten?

Achten Sie auch auf die *Treppen*. Sind die Trittstufen stabil? Gibt es Risse oder sonstige sichtbare Schäden? Sind Geländer und Handlauf fest installiert?

Auch bei *Fenstern* und *Türen* sollten Sie genau hinschauen. Gibt es sichtbare Schäden wie Risse oder abgeplatzte Farbe oder Lack? Schließen Fenster und Türen dicht ab? Sind an den Innentüren die Schlüssel vorhanden? Bei Fenstern: Sind die Fenster schallisoliert und dicht?

Wie sieht es mit den *Jalousien* aus? Sind sie problemlos hoch- und herunterzufahren?

Wie ist das *Dach* konstruiert und isoliert? Ist ein weiterer Ausbau möglich oder ist es bereits vollständig ausgebaut? Falls ja, ist eine Dampfsperre eingebaut?

Weiter geht es in der *Küche*. Schauen Sie besonders bei folgenden Dingen hin:

Wie ist der Zustand der Einbauküche? Achten Sie auf Alter, Abnutzungsstand, Hersteller und weitere sichtbare Schäden wie Dellen in den Arbeitsflächen oder lose Leisten. Überprüfen Sie ggf. die Funktionsfähigkeit des Herdes, um sicherzustellen, dass der Starkstrom ordnungsgemäß angeschlossen ist. Ein weiterer Blick sollte zur Dunstabzugshaube gehen. Ist der Abzug funktionstüchtig?

Auch in der Küche ist der Boden wichtig. Falls es sich um Fliesen handelt, achten Sie besonders auf den Abnutzungsgrad. Wirken die Fliesen stumpf oder sind sie beschädigt? Bei Kunststoffböden verhält es sich auch in der Küche so wie in den anderen Räumen. Ist der Boden stark abgenutzt oder „kommt er hoch“? Ein Blick in der Küche lohnt sich auch an die Wände: Wie hoch ist der Verschmutzungsgrad? Gibt es sichtbare Flecken, zum Beispiel von Fett oder Öl?

Weiter geht es in den *Badezimmern*. Ist die Sanitärinstallation alt oder neu? Wie ist der Zustand der Toilette? Gibt es sichtbare Risse oder sonstige Schäden? Die gleichen Fragen gelten bei der Badewanne. Neben Beschädigungen sollten Sie hier auch auf Schimmel und Kalk achten. Schimmel ist auch bei den Fliesen ein Thema: Sind die Fugen schimmelig, herrscht Handlungsbedarf. Ist eine Duschkabine vorhanden, achten Sie auf Schäden, Kalk und Schimmel und darauf, ob sich die Kabine ordnungsgemäß schließen und öffnen lässt.

Sowohl in Küche als auch Bad gibt es Wasserhähne. Prüfen Sie kurz die Wasserqualität. Ist das Wasser verfärbt oder riecht (unangenehm)? Dann fragen Sie nach dem Grund. Duftet das Wasser aus der Leitung nach Chlor, ist der Grund meist beim örtlichen Wasserwerk zu suchen und nicht beim

Hausbesitzer. Fragen Sie außerdem nach dem Material der Wasserleitungen und dem Wasserdruck. Informieren Sie sich über Rohrbrüche in der Vergangenheit. Der Zustand der Heizung sollte ebenfalls unter die Lupe genommen werden: Alter, Hersteller und Durchschnittsverbrauch sind wichtige Angaben für Sie.

Neben der Heizung sind im *Keller* oft Waschküchen untergebracht. Vergewissern Sie sich, dass der Boden aus festem Stein oder Beton besteht und dass genügend Anschlüsse für Waschmaschine und Trockner vorhanden sind. Sehen Sie nasse Stellen? Dann ist das ein schlechtes Zeichen. Überprüfen Sie den Keller auf Schimmelbefall. Und ganz wichtig: Ist eine Rückstausicherung vorhanden? Diese Vorrichtung verhindert, dass Ihr Keller im Falle von Starkregenereignissen „von unten“ vollläuft und schützt vor einem Rückfluss von Abwasser.

Zum Schluss sollten Sie noch auf die Anzahl an Steckdosen, Lichtschaltern, Telefon- und Internetanschlüssen und Anschlüssen für Kabelfernsehen oder Satellit achten

Nach diesem Rundgang im Innenbereich sollten Sie einen längeren Blick auf den Zustand des Hauses von außen werfen. Dies gilt auch dann, falls Sie sich nur für eine der Wohnungen im Haus interessieren. Beginnen Sie mit dem Dach. Stellen Sie lose Dachziegel fest, betrifft das schließlich alle Parteien. Ein ausufernder Bewuchs mit Moos ist ebenfalls kein gutes Zeichen. Ist der Kamin noch in Ordnung oder ist er beschädigt? Achten Sie auf die Außenwände. Können Sie beschädigte Stellen im Putz ausfindig machen? Gibt es Stellen, an denen der Putz abbröckelt? Sehen Sie Schmierereien wie Graffiti? Letzteres könnte wichtig sein. Dies ist deshalb entscheidend, da sich darauf einige Information über das Umfeld ableiten lassen. Und sagt aus – und das ist bei dem möglichen Erwerb einer Eigentumswohnung sehr wichtig – ob der Hausverwalter seinen Pflichten zur Reinigung nachkommt.

Schauen Sie sich auch die Balkone oder Terrassen an. Ist ein Wasserabfluss vorhanden? Sind die Türen einbruchsicher und in einem adäquaten Maß beleuchtet? Falls nicht, gibt es genug Steckdosen für weitere Lichtquellen?

Falls Sie sich für ein altes Fachwerkhaus entscheiden sollten, achten Sie vor dem Kauf dringend auf den Zustand des verbauten Holzes. Sollte dies verzogen oder gar morsch sein, können auf Sie unerwartete und vergleichsweise hohe Sanierungskosten zukommen. Ein nostalgischer Look ist sicherlich etwas Schönes, eine sich entwickelnde Dauerbaustelle aber nicht.

Gerade bei jenen älteren Objekten ist es mit der Barrierefreiheit nicht allzu weit her. Schauen Sie gleich bei der Besichtigung, ob sich ein barrierefreier Umbau lohnen könnte. Können kleinere Treppen in Rampen umgewandelt werden? Ist genügend Raum für den Einbau eines Treppenliftes vorhanden? Vielleicht hat das Haus auch bereits einen Aufzug. Achten Sie auf den barrierefreien Zugang sowie den allgemeinen Zustand. Vergewissern Sie sich, dass der Aufzug einen gesicherten und gepflegten Eindruck macht und regelmäßig gewartet wird. Ein entsprechendes Prüfsiegel finden Sie meist an den Bedienelementen des Aufzugs.

Neben dem Haus an sich sollte auch das Drumherum im Fokus Ihrer Beobachtungen stehen. Dass sich der Blick in die Nachbarschaft lohnt, haben wir bereits vorher besprochen. Schauen Sie außerdem nach dem Abstand zu den Nachbarhäusern. Ist der groß genug, um von Lärmbelästigung verschont zu bleiben? Und: Ist der Garten des zu besichtigenden Hauses vernünftig umzäunt und bietet genügend Sichtschutz vor neugierigen Blicken? Auch der Zustand des Zaunes sollte überprüft werden. Schließt das Gartentörchen? Aus welchem Material besteht es? Gibt es Schäden, die sofort ins Auge fallen?

Genauso wichtig ist die Garage. Eine entscheidende Frage: Lässt sich das Garagentor ohne große Mühen öffnen und schließen oder klemmt es? Gerade bei elektrischen Garagentoren sollten Sie den Test machen. Ist die Garage abschließbar? Diese Eigenschaft ist auch für Fahrradfahrer wichtig.

Wie ist der sonstige Zustand der Garage und sind ein Einbruchsschutz sowie genügend Lichtquellen oder Steckdosen für Lampen vorhanden? Auch wenn es statt einer Garage nur einen Stellplatz gibt, sollten Sie auf einige Details achten. Falls der Platz überdacht ist: Wie ist der Zustand des Daches? Ist ein ausreichender Regen- und Sonnenschutz gegeben? Aus welchem Material besteht es? Ist es morsch und verwittert? Schauen Sie sich auch die Pflasterung der Einfahrt an. Manchmal drücken die Wurzeln benachbarter Bäume die Pflastersteine hoch. Ein Zustand, der mit der Zeit nicht besser, sondern schlechter wird. Gleiches gilt für den Zustand von Wegen im Garten.

Falls Sie kleine Kinder haben, sollten Sie bei der Betrachtung des potentielle Wohnumfeldes auch daran denken. Gibt es mögliche Gefahrenquellen? Falls ja, wie hoch wäre der Aufwand, diese zu beseitigen?

Nun haben wir Ihnen eine große Aufgabe gegeben – dies alles zu prüfen dauert. Aber muss wirklich jeder Winkel des Hauses oder der Wohnung auf Herz und Nieren überprüft werden? Nein, sicher nicht. Es bleibt dabei: Das Bauchgefühl entscheidet. Und mancher kleine Makel hat nicht so viel Gewicht, dass die Kaufentscheidung davon beeinflusst wird. Ziel ist jedoch, Ihr Auge allumfassend zu schulen. Achten Sie auf alles, selbst die kleinste Kleinigkeit. Sollte dann als einziger Makel die Badezimmerfliese in der falschen Farbe auffallen, ist dies ein Problem, das ohne allzu großen

Aufwand zu lösen ist. Bei einem undichten Dach ist das aber nicht der Fall. Deshalb gilt: Lieber einmal zu viel geschaut, als später einmal zu viel geärgert – und bezahlt.

Ein Hinweis muss noch genannt werden: Wenn Sie das Objekt auf Schwachstellen abklopfen, versuchen Sie, diskret zu sein. Fragen Sie freundlich und höflich, ob Sie beispielsweise den Wasserhahn aufdrehen können oder probeweise das Gartentor öffnen und schließen dürfen. Gehen Sie nicht mit der trockenen Sachlichkeit eines Bauamtsmitarbeiters heran, sondern mit gutem Menschenverstand und Empathie. Gerade dann, wenn das Objekt noch bewohnt wird. Falls diese Tests nicht erwünscht sind, sollten Sie dies auch entsprechend respektieren. Sollte die Wohnung oder das Haus leer stehen, gilt diese Regel nicht, sondern vielmehr das Gegenteil: Ist der Makler dabei und lässt Sie nicht den Wasserhahn öffnen, die Toilettenspülung betätigen oder die Jalousien hoch- und herunterfahren, sollten Sie sehr skeptisch werden. Wenn Sie in so eine Situation geraten, sprechen Sie den Makler an und fragen Sie nach den Hintergründen.

- Kapitel 8 -

BAUGUTACHTER: FRAGEN SIE DIE EXPERTEN!

Sollten Sie nach einem Rundgang noch von Zweifeln geplagt werden, empfiehlt es sich, eine Fachkraft zu Rate zu ziehen. Zum Beispiel einen Baugutachter, der mit Ihnen die Räume und die Außenanlagen des Objektes abgeht. Der Experte schaut aus einem anderen Blickwinkel auf Haus oder Wohnung. Und erkennt Schäden, die Sie als Laie gar nicht erkennen können. Das ist wichtig: Denn für Schaden haftet der Verkäufer nur, wenn er sie kannte. Ob er Sie kennt und darüber mit Ihnen redet, steht aber auf einem ganz anderen Blatt. Im Nachhinein ist das praktisch nicht mehr nachzuweisen. Was das rechtlich für Sie bedeutet, erfahren wir später.

Der Gutachter nimmt Ihnen dabei ein gutes Stückchen Arbeit ab und weist auf Mängel und Schäden hin, die für Sie unsichtbar sind. Oftmals ist er oder sie in der Lage, zu beurteilen, ob beispielsweise ein Dach noch ein paar Jahre hält oder nicht. Es kann für manchen künftigen Hausbesitzer entscheidend sein, ob ein Objekt zwar jetzt erschwinglich ist, aber in wenigen Jahren massive Kosten durch Sanierungsarbeiten anstehen. Das gilt es jederzeit zu bedenken.

Ein weiterer Vorteil: Ein Sachverständiger ist zur Auskunft über Mängel Ihnen gegenüber praktisch verpflichtet. Denn: werden Mängel bei der Begutachtung übersehen, haftet der Gutachter dafür. Die Bestellung eines Gutachters lohnt sich praktisch immer. Gerade dann, wenn das Ergebnis positiv ausfällt und der Experte an dem potentiellen Eigenheim nichts oder nur wenig auszusetzen hat. Allerdings sollte die Suche nach dem passenden Gutachter gut überlegt sein. Empfehlenswert sind Gutachter, die öffentlich bestellt und vereidigt sind. Über das „Ohr gehauen" werden Sie hier nicht und eine ehrliche und realistische Einschätzung ist Ihnen gewiss. Zudem sind die öffentlich bestellten Gutachter profunde Kenner der Immobilien- und Baulandschaft in ihrer jeweiligen Region und wissen über ortstypische Gegebenheiten oft bestens Bescheid. Die Kosten für einen solchen Gutachter mögen im ersten Moment hoch erscheinen. Setzen Sie sie jedoch ins Verhältnis zum Kaufpreis der Immobilie, machen Sie nur einen Bruchteil des Kaufpreises aus, können Ihnen jedoch teure Folgekosten ersparen.

- Kapitel 9 -

SONDERFALL EIGENTUMSWOHNUNG

Sollten Sie sich für eine Eigentumswohnung interessieren, gelten alle bereits genannten Feinheiten genauso. Achten Sie gut auf kleine und große Macken und ziehen Sie einen Experten zu Rate. Kommt es bei einem Haus zum Kauf, gilt das Motto: Jetzt bin ich der Herr oder die Herrin in meinen vier Wänden. Bei einer Wohnung ist das ein wenig anders. Kaufen Sie eine Eigentumswohnung, treten Sie einer Gemeinschaft bei.

Zuallererst sollten Sie sich mit dem Wohnungseigentumsgesetz, kurz WEG, vertraut machen. Das Gesetz finden Sie im Wortlaut im Internet, es ist aber auch in gedruckter Form erwerbbar. Es regelt eine Vielzahl von wichtigen, rechtlichen Einzelheiten, die wir hier aber nicht alle im Detail aufzählen müssen. Trotzdem sollten Sie sich im Vorfeld über diese Vielzahl von Dingen informieren, die es bei einem Erwerb eines Hauses nicht gibt.

Das Wort „Gemeinschaft" hat eine besondere Bedeutung. Das Haus, in dem sich die Wohnung befindet, wird als Ganzes betrachtet. Das gilt auch für den Energieausweis. Stehen Reparaturen an, die alle betreffen, werden die Kosten dafür innerhalb der Gemeinschaft aufgeteilt. Dies gilt beispielsweise für ein undichtes Dach. Um diese Angelegenheiten sinnvoll aufzuteilen, gibt es die Teilungserklärung. Diese Erklärung ist wie eine Landkarte für das Haus und beschreibt, wo Ihr Eigentum aufhört und das des Nachbarn anfängt und umgekehrt. Eine solche Erklärung wird in der Regel aufgesetzt, wenn das Haus gerade frisch gebaut wurde oder nachträglich in Wohnungen geteilt wird. Ihre Wohnung wird als Sondereigentum bezeichnet und die Ihrer Nachbarn ebenfalls. Zu unterscheiden ist dies von dem Gemeinschaftseigentum. Das kann der Garten sein, das Treppenhaus oder ein Keller; kurzum jene Bereiche, auf die alle Parteien eines Hauses Zugriff haben. In einer Teilungserklärung wird erfasst, wie groß Ihre Wohnung ist, wo diese sich innerhalb des Hauses befindet und welche Räume dazugehören. Das kann eine Garage sein, ein Stellplatz oder ein Abstellraum im Untergeschoss. Ebenfalls ist dort verzeichnet, welche Sondernutzungsrechte eingeräumt werden. So ist es beispielsweise denkbar, dass der Bewohner der Dachwohnung auch das Nutzungsrecht für den als Abstellfläche ausgebauten Speicher zugesprochen bekommt. Ein anderes Beispiel ist die Partei im Erdgeschoss, die den Vorgarten nutzen darf. Diese Details beschreiben nicht nur Vor- und Nachteile und persönliche Möglichkeiten zur Entfaltung, sondern spielen auch bei Reparaturen eine erhebliche Rolle. Wie diese Kosten in den Reihen der Eigentümer verteilt werden, ist ebenfalls in der Teilungserklärung aufgeschlüsselt. Daneben regelt die Teilungserklärung einige andere Bestimmungen, zum Beispiel, ob Haustiere gestattet sind oder nicht.

Neben der Teilungserklärung gibt es einen Wirtschaftsplan, der die Höhe der laufenden Kosten beschreibt. Was kostet die Müllabfuhr, die Gartenpflege oder der Strom? Auch der Hausverwalter möchte bezahlt werden und auch dieser Posten ist hier aufgelistet. Lassen Sie sich den neuesten Plan zeigen, damit Sie einen Einblick darüber erhalten, welche Kosten auf Sie zukommen.

Manchmal werden in dieser Aufstellung auch die Rücklagen für Reparaturen aufgeführt. Grundsätzlich gilt: Macht das Haus einen schlechten baulichen Eindruck und die gemeinschaftliche Kasse ist leer, sollten Ihre Alarmglocken läuten. Ist diese Reserve jedoch üppig und das Haus ansehnlich, können Sie wesentlich beruhigter sein. Wahrscheinlich macht der Verwalter einen guten Job und hat sinnvoll und nachhaltig gewirtschaftet. Ob ein Hausverwalter sein Handwerk versteht oder nicht, ist oft von der Größe des Hauses abhängig. Bei eher kleineren Häusern wird diese Aufgabe von einem der Eigentümer in Personalunion ausgeführt. Ist die Anlage größer, übernehmen oft spezialisierte Fachleute von Unternehmen diese Aufgabe, die sich in der Materie gut auskennen und eine entsprechende Berufsausbildung absolviert haben und/oder die nötige Erfahrung mitbringen. Ein Bild darüber, ob Ihr potentieller Verwalter kompetent ist oder nicht, erschließt sich oft aus den Protokollen der Eigentümerversammlung. Prüfen Sie, falls notwendig, Abrechnungen auf Ihre Richtigkeit.

Regelmäßig finden in solchen Gemeinschaften Eigentümerversammlungen statt. Im Normalfall treffen sich die Eigentümer einmal im Jahr und stimmen über Abrechnungen, Reparaturen und vieles mehr ab. Von jeder dieser Eigentümerversammlungen werden Protokolle angefertigt. Diese Dokumente bieten Ihnen einen aktuellen Einblick über die Entwicklung des Hauses in den letzten Jahren. Generell sollten Sie sich vor dem Erwerb einer Eigentumswohnung jene Protokolle zeigen lassen, ideal sind die Protokolle der letzten fünf Jahre. Grundsätzlich gilt: Je weiter Sie in die Vergangenheit blicken, desto transparenter wird die Vergangenheit des Hauses. Wurden notwendige Reparaturen aufgrund hoher Kosten immer wieder durch die Eigentümergemeinschaft aufgeschoben? Das könnte ein schlechtes Zeichen sein. Denn irgendwann muss jeder Schaden behoben werden und stellt eine zusätzliche finanzielle Belastung dar, wenn Sie gleich im ersten Jahr nach dem Einzug die vollständige Neueindeckung des Daches mittragen müssen, nur weil die Eigentümergemeinschaft die Sanierung permanent vor sich hergeschoben hat. Interessierte Eindrücke zum Alltag innerhalb der Immobilie können auch andere Eigentümer liefern. Möglicherweise möchten Sie Kontakt aufnehmen und einfach fragen, ob irgendwo der Schuh drückt. Diskret können Sie in diesem Rahmen auch in Erfahrung bringen, ob es Streitereien zwischen den Eigentümern gibt. Und vielleicht sind die sogar schon vor Gericht gelandet. Im Fall der Fälle ist diese Information im Vorfeld sehr wichtig und möglicherweise entscheidend für eine potentielle Kaufentscheidung.

- Kapitel 10 -

ERST KAUFEN UND DANN VERMIETEN?

Selbstverständlich ist es genauso gut denkbar, dass Sie eine Wohnung kaufen, diese aber gar nicht selbst bewohnen möchten, sondern vermieten. Dies ist eine verlockende Idee, denn schließlich generiert die Vermietung ein permanentes Zusatzeinkommen. Das Prinzip ist dann dieses: Sie kaufen eine Wohnung, renovieren falls notwendig und schon klingelt der Mieter und ist bereit zum Einziehen. Eine schöne Vorstellung – doch so oft kommt das nicht vor. In den meisten Fällen ist der Mieter schon in der Wohnung. Natürlich kommt dieser Umstand für Sie und die Mieter nicht so überraschend, wie es hier vielleicht klingen mag. Sie werden sich die (bewohnte) Wohnung sicherlich einmal angeschaut haben. Was allerdings manchen überrascht ist, dass Sie nicht nur die Mietpartei übernehmen, sondern auch den kompletten Mietvertrag. Das heißt: Als neuer Eigentümer kommen Sie als Dritter in ein bestehendes Mietverhältnis. Das heißt wiederum, dass Sie die Miete nicht beliebig anziehen können – das regelt das Gesetz. Viel wichtiger ist jedoch, dass die Miete in der Vergangenheit regelmäßig gezahlt wurde. Das ist schließlich überhaupt der Anreiz für den Kauf der Wohnung. Darüber informiert in der Regel der Vorbesitzer. Sprechen Sie ihn einfach darauf an.

Ein Hinweis sei in diesem Zusammenhang noch einmal genannt. Besichtigen Sie im Vorfeld eine Wohnung, in der Menschen zur Miete leben, dann seien Sie freundlich, höflich und diskret. Vergessen Sie nicht, dass Sie sich in den Privaträumen von Menschen befinden. Und was bei einer Hausbesichtigung gilt, gilt bei einer vermieteten Wohnung erst recht. Denn ein Eigentümerwechsel kommt bei Mietern oft mit einiger Verunsicherung daher. Stichworte sind hier Eigenbedarfsklagen oder Mietaufhebungsverträge. Grundsätzlich gilt: Seien Sie ehrlich. Eine gehörige Portion Unsicherheit können Sie den Mietern nehmen, wenn die Anmeldung von Eigenbedarf für Sie überhaupt nicht zur Debatte steht. Grundsätzlich ist ein friedliches Verhältnis zum Mieter sehr wichtig.

Sollten Sie tatsächlich Eigenbedarf in Erwägung ziehen, formulieren Sie dies ebenso offen und ehrlich. Vielleicht findet sich eine Lösung, die für beide Parteien sinnvoll ist. Und möglicherweise denkt der Mieter ebenfalls über einen Wohnortwechsel nach. Dies sind Details, die Sie nun in einem Gespräch klären können. Beachten Sie in jedem Falle, dass es für diesen Schritt Sperrfristen gibt, die einzuhalten sind.

- Kapitel 11 -

GRUNDBUCH UND KATASTER

Geht es um Ihr Grundstück, müssen Sie sich zwangsläufig für zwei Sachen interessieren: Das Grundbuch und das Kataster. Letzteres können Sie auf dem gleichnamigen Kataster- bzw. Vermessungsamt einsehen. Jedes Grundstück innerhalb einer Kommune ist dort verzeichnet. Es regelt somit, wo Ihr Grundstück aufhört und ein anderes anfängt. Das kann das Grundstück eines Nachbarn sein, aber auch eine öffentliche Straße, ein kommunaler Park oder ein Flussufer. Besonders wichtig sind die hier aufgelisteten Grenzen zum Nachbargrundstück. Denn nicht immer sind die Grenzen durch einen Zaun oder sonstiges klar definiert. Das Kataster gibt dabei eine klare Antwort. Und zwar auch dann, wenn die Situation vor Ort ganz anders aussieht. Es könnte ja sein, dass Ihr Nachbar aus Unwissenheit eine Mauer auf Ihrem Grundstück gezogen hat. Auch wenn die reale Grenzsituation einen andere ist, gilt immer der Flurplan. Das heißt: Die Karte hat immer recht.

Das Grundbuch ist ebenfalls wichtig. Es ist bei dem Amtsgericht in der Kommune, in der Sie wohnen, hinterlegt und regelt die wichtigsten Angelegenheiten Ihres Grundstücks. Es beschreibt, wie groß es ist und wer der Eigentümer ist –

also in der Regel Sie. Allerdings dient das Grundbuch auch als Sicherheit für Gläubiger wie eine Bank. Es gilt als amtlicher Beweis über Ihren (künftigen) Besitz. Das Grundbuch ist eine ernste Angelegenheit und nicht öffentlich. Sie können also nicht zum Amtsgericht gehen und alle Grundbücher dieser Stadt einsehen. Interesse reicht nicht aus, das gilt auch für ein konkretes Kaufinteresse. Es benötigt nämlich „berechtigtes Interesse". Was berechtigt ist und was nicht, legt das Amt fest. Zugang zum Grundbuch eines Grundstücks hat in der Regel nur der Besitzer und etwaige Gläubiger wie zum Beispiel die kreditgebende Bank. Allerdings können Sie bei Kaufinteresse um einen Auszug aus dem Grundbuch bitten, der wiederum amtlich beglaubigt sein muss. Alternativ kann der Verkäufer Ihnen eine Vollmacht ausstellen. Dann ist eine Einsicht direkt beim Amtsgericht möglich.

Die drei Abteilungen des Grundbuchs

Der Aufbau eines Grundbuches ist klar strukturiert. Es ist in drei Abteilungen unterteilt, die jeweils verschiedene Informationen liefern.

In der Abteilung 1 werden die wichtigsten Daten zusammengefasst. Hier wird festgelegt, wer der Eigentümer ist. Falls es sich nicht um einen Neubau handelt, werden dort logischerweise auch die vorherigen Eigentümer aufgeführt. Sie sehen dann jeweils eine Spalte mit einer fortlaufenden Nummer und ergänzend dem Namen des jeweiligen Eigentümers. Außerdem ist der Grund der Eintragung angemerkt. Im Regelfall steht hier „Auflassung" - der amtsgerichtliche Fachbegriff für die Übertragung von Eigentum von einer Person auf die nächste und in diesem Fall Sie.

In der Abteilung 2 wird es komplexer und detailreicher. Hier werden alle Einschränkungen, die Sie als Eigentümer betreffen, aufgelistet. Ein Beispiel für eine Einschränkung wäre es, wenn der Vorbesitzer des Objekts seinem Nachbarn gestattet hat, Rohre durch den eigenen Garten zu legen, obwohl es sein Grundstück ist. Diese Vereinbarung ist im Grundbuch schriftlich fixiert. Wenn Sie nun selbst Eigentümer werden, können Sie von Ihrem Nachbarn nicht verlangen, die Rohre wieder zu entfernen oder – noch schlimmer – ohne Wissen des Nachbarn eigenmächtig ausbauen. Im Gegenteil: Durch die Eintragung sind Sie verpflichtet, diese Absprache zu akzeptieren. Die Garantie des Vorbesitzers geht somit auf Sie über. In Abteilung 2 können weitere Rechte festgehalten sein. Zum Beispiel das Vorkaufsrecht, das Erbbaurecht oder das sogenannte Nießbrauchrecht. Zu allen drei Fällen kommen wir später noch.

In der Abteilung 3 sind die Gläubiger aufgeführt und welche Rechte diese besitzen. In der Regel sind dies Banken. Für die Kreditgeber ist dies von entscheidender Bedeutung. Ist der Eigentümer nicht mehr in der Lage, die Raten zu tilgen, sind die Banken durch diesen Eintrag in der Lage und im Recht, das Grundstück zu Geld zu machen. Dies wird Grundpfandrecht genannt.

VORKAUFSRECHT, ERBBAURECHT UND MEHR

Ob auf einem Objekt ein Vorkaufsrecht besteht oder nicht, ist vergleichsweise leicht herauszufinden. Das „ob" ist jedoch nicht das Problem, sondern die Frage, wer das Vorkaufsrecht besitzt. Wie in einem anderen Kapitel bereits erwähnt, kann es sinnvoll sein, den Noch-Eigentümer zu bitten, Ihnen einen Auszug aus dem Grundbuch zukommen zu lassen. So lässt sich ein möglicherweise bestehendes Vorkaufsrecht direkt ersehen. Falls ein Dritter jenes Recht besitzt, kann das für Sie in einem Debakel enden. Bereits nach abgeschlossenem Kaufvertrag kann jene Partei kommen und Ihnen das Objekt wegschnappen – und das ist auch noch völlig legal. Eine sinnvolle Lösung ist, mit dem Rechteinhaber Kontakt aufzunehmen und herauszufinden, was er vorhat. Sollte derjenige das Objekt zum angesetzten Preis erstehen wollen, bekommt er es auch. Ohne Wenn und Aber. Die einzige Möglichkeit, die Sie dann haben, ist die Partei mit Vorverkaufsrecht zu überbieten. Das bedeutet, dass Sie mehr Geld bieten müssen. In solch einer Konstellation ist der Erwerb von Eigentum vor allem eines: Stressig und mühselig.

Es gibt auch noch weitere Möglichkeiten, bei denen ein Vorkaufsrecht zur Anwendung kommt. Zum Beispiel dann, wenn eine Mietwohnung in eine Eigentumswohnung umgewandelt wird. Der Noch-Mieter hat in diesem Fall

Vorkaufsrecht und somit die beste Möglichkeit seine „alte“ Wohnung zu erstehen. Auch die Stadt oder Gemeinde kann ein Vorkaufsrecht besitzen. Ob und wie das für Sie relevant wird, hängt von dem jeweiligen Ort ab, an dem die Immobilie steht. Objekte bzw. Grundstücke im innerstädtischen Bereich sind für die Flächenplaner in den Rathäusern wesentlich interessanter als Grundstücke in reinen Wohngebieten. Auch hier besitzt die Kommune oft ein generelles Vorkaufsrecht, verzichtet jedoch in den allermeisten Fällen darauf.

Neben dem Vorkaufsrecht gibt es weitere Besonderheiten, auf die Sie achten sollten. Wenn Grundstücke beispielsweise Kirchen gehören, können Sie diese nicht kaufen, sondern vielmehr pachten. Ist dies der Fall, sprechen wir vom sogenannten Erbbaurecht. Das bedeutet, dass Sie auf diesem Grundstück ein Haus bauen können, aber die Fläche nicht besitzen. Wie erwähnt wird diese Form des Baurechts von langlebigen Einrichtungen wie der Kirche, aber auch Städten vergeben. Dies geschieht über einen langen Zeitraum. Meist sind dies 99 Jahre. Falls Sie sich für ein solches Grundstück interessieren, wird Ihnen nach Abschluss ein Vergabevertrag vorgelegt, der genau regelt, was und wie auf diesem Grundstück überhaupt gebaut werden darf. Der Grund für diese relative Begrenzung der Entscheidungsfreiheit ist klar: Möglicherweise wollen die eben genannten Institutionen das Grundstück nach dem Ablauf von 99 Jahren wieder selbst nutzen. Dann sollte nicht „irgendwas“

auf der Fläche stehen, sondern ein Gebäude, mit denen Stadt und Kirche etwas anfangen können. Deshalb ist der Spielraum für potentiell Interessierte gering. Der Eigentümer kann Umbauten verbieten oder muss diese genehmigen. Auch ein Verkauf ist mit einem herkömmlichen Immobiliengeschäft vergleichbar. Immerhin dürfen Sie verkaufen, aber eine Existenz auf der Basis des Erbbaurechts streben auch nicht allzu viele Menschen an. Kurz gesagt: Verkaufen Sie Ihr „Erbbaurechthaus", ist das Geschäft immer mies! Denn das dazugehörige Grundstück gehört Ihnen ja nicht und ist somit nicht veräußerbar. Das wissen auch die Banken. Ein Grundstück mit Erbbaurecht können Sie nicht einfach zwangsversteigern lassen.

Das Erbbaurecht hat Vor – und Nachteile. Ein Pro ist, dass der Einstieg günstig ist: Sie müssen keinen Kaufpreis zahlen, aber dafür einen regelmäßigen Abschlag, genannt Erbbauzins. Der kann einigen Ärger bereiten. Im Vergleich zur Kreditrate ist der oft höher und nicht fix. Das bedeutet, dass er in der Zukunft angehoben werden kann, je nachdem, wie sich die Grundstückspreise entwickeln. Da die in der Regel steigen, kann dies nach vielen Jahren richtig ins Geld gehen. Für viele Menschen ist das Erbbaurecht nicht die richtige Wahl, gerade für jene, die finanziell unabhängiger werden möchten. Von einer herkömmlichen Miete, wie Sie sie möglicherweise schon vorher kannten, trennt Sie beim Erbbaurecht nicht viel. Das wirkt oft unattraktiv. Allerdings gibt es neben dem fehlenden Kaufpreis ein weiteres Plus:

Jene Grundstücke sind meist seit gefühlten Ewigkeiten in dem Besitz der betreffenden Institutionen. Oft wuchs die betreffende Stadt außen herum. Also sind die Lagen meist spitze. Ein Tipp: Interessieren Sie sich für ein solches Objekt, dann lassen Sie bitte einen Anwalt auf den Vertrag schauen und lassen ihn prüfen, ob die Auflagen für beispielsweise An- oder Umbauten nicht zu straff sind.

Obwohl wir noch ein wenig von Themen wie dem Grundbuch entfernt sind, können Sie dort auf einen Begriff stoßen, der in seiner Bedeutung dem Erbbaurecht sehr ähnlich ist: Der Nießbrauch. Der besagt, dass – obwohl Sie der Eigentümer wären – ein Dritter in Ihrem Haus wohnen dürfte und mehr noch: Er dürfte es gar vermieten. Das Nießbrauchrecht gestattet dem Rechteinhaber die Möglichkeit, eine Immobilie zu nutzen, obwohl sie ihm nicht gehört. Oft kommt diese Situation im Rahmen einer Vorvererbung zu Stande. Eltern können Kindern ein Nießbrauchrecht einräumen, obwohl die Eltern noch leben. Und was machen Sie, wenn Sie einen Eintrag über Nießbrauchrecht im Grundbuch finden? Ganz klar: Schnellstmöglich nach einer anderen Immobilie umschauen! Für Sie als Käufer ist ein solches Objekt ungeeignet.

Teil III

Der Kauf

- Kapitel 12 -

RICHTIG VERHANDELN MIT MAKLER UND VERKÄUFER

Stellen Sie sich folgendes Szenario vor: Sie haben ein Objekt gefunden, Eindrücke gesammelt und gemäß unserer Tipps jede noch so kleine Entscheidung sorgfältig abgewogen. Nun kommen Sie zu dem Schluss: Ja, das ist mein Traumhaus! Diese Erkenntnis wird sicher ein schönes Gefühl sein. Umso beklemmender wird es, wenn dutzende weitere Interessenten eben genau diese Erkenntnis haben, das Haus oder die Wohnung mit verliebtem Gefühl in ihr Herz geschlossen zu haben. Egal, wie aussichtslos die Situation angesichts der Mitbewerbermassen auch scheint: Nehmen Sie die Herausforderung an! Denn die kann mit ordentlicher Vorbereitung, Schnelligkeit, Sorgfalt und Freundlichkeit gemeistert werden!

Wenn Sie ein traumhaftes Objekt gefunden haben, dann seien Sie vor allem eines: Schnell. Damit ist auf keinen Fall gemeint, dass Sie zuschlagen und Ihre sorgfältige Prüfung über Bord werfen sollten. Seien Sie schnell bei der Kontaktaufnahme und signalisieren Sie so früh wie möglich

„potentiell ernsthaftes" Interesse und wenden sich schnell an den Verkäufer oder Makler.

Grundsätzlich sollten Sie folgende Eigenschaften mitbringen, wenn Sie Kontakt aufnehmen: Seien Sie freundlich, interessiert und wirken Sie von vornherein unkompliziert und pflegeleicht. Natürlich unterscheidet je Anbieter, welchem Faktor mehr Gewicht beigemessen wird und welchem nicht. Bei privaten Verkäufern spielt der persönliche Kontakt eine entscheidende Rolle. Sympathie ist der erste Schritt zum Erfolg. Dies ist nur logisch: Wenn Sie der Verkäufer sind, möchten Sie es möglicherweise nicht, dass jemand in Ihren ehemaligen vier Wänden lebt, den Sie schon beim ersten Blick chronisch unsympathisch finden. Bei der Besichtigung lohnt es sich, sofort zu unterstreichen, was Ihnen an dem Objekt gefällt. Achten Sie jedoch bitte auch stets darauf, aus welchem Grund sich die vorherigen Besitzer von dem Objekt trennen möchten – oder müssen. Gerade falls eine Zwangsversteigerung ins Haus steht, ist Fingerspitzengefühl angebracht. Überschwängliche Euphorie kann Ihnen im Angesicht dieser Notsituation krummgenommen und als grenzüberschreitend gewertet werden. Tasten Sie sich heran und bringen Sie Verständnis mit. Hilfreich ist es auch, Ihre eigenen Gründe darzulegen, warum Sie genau an diesem Objekt interessiert sind. So kann es positiv ausgelegt werden, wenn Sie mit Ihrer Familie oder Ihrem Partner einen neuen Lebensmittelpunkt suchen.

Viele Menschen können sich mit dem Gedanken anfreunden, einer jungen Familie ein neues Heim zu vermachen. Weniger schön könnte es ankommen, wenn Sie ein Haus als Geldanlage suchen und es möglicherweise vermieten wollen. Grundsätzlich ist es für private Käufer immer positiver, die Nachfolger persönlich zu kennen. Eine Weiterverwendung als Mietshaus schließt diesen Punkt direkt aus. Es ist aus diesem Grund nur hilfreich, wenn Sie auch über sich sprechen. Was ist zum Beispiel Ihr Beruf? Das suggeriert nicht nur eine solide Lebensplanung, sondern könnte auch gleich Gemeinsamkeiten aufdecken. Was sind Ihre Hobbys? Vielleicht fallen Ihnen auch besondere Möbel oder Gestaltungselemente auf, die etwas über die Vorlieben der Hausbesitzer aussagen? Kleine Aufmerksamkeiten lohnen sich auch, wie zum Beispiel einen Strauß Blumen, sozusagen als Dank, dass Sie überhaupt ins Haus gelassen werden. Dies hat den Vorteil, dass Sie einen Wiedererkennungswert generieren – nicht jeder bringt ein kleines Präsent zu einer Hausbesichtigung mit. Stattdessen sollten Sie tunlichst darauf verzichten, den Verkäufer mit dauernden Anrufen oder allzu häufigen E-Mails zu belästigen. Das ist anstrengend für den Verkäufer. Denn nicht nur die Suche nach einem Haus oder einer Wohnung ist stressig, sondern auch der Verkauf einer Immobilie.

In einem vorherigen Kapitel haben wir beschrieben, dass Sie auf Kleinigkeiten, kleine Schönheitsfehler bis hin zu kapitalen Schäden achten sollen. An dieser Stelle lautet nochmals der Appell: Seien Sie dabei zielorientiert, aber diskret. Gehen Sie mit gutem Menschenverstand vor! Es ist kein gutes Zeichen, wenn Sie alles auf den Kopf stellen. Bevor Sie auf der Suche nach nassen Wänden die Tapete einreißen, fragen Sie freundlich nach. Sollte die Chemie stimmen, und Sie tatsächlich Interesse an dem Objekt haben, bitten Sie die Verkäufer, Ihnen mitzuteilen, falls ein weiterer Interessent mehr bietet als die gewünschte Verkaufssumme. Suggerieren Sie gleichzeitig, dass es am Geld nicht scheitern solle und Sie – falls möglich – bei dem Angebot gleichziehen.

Sympathie und Antipathie sind weder Wissenschaften noch Gesetze. Manchmal will es einfach zwischenmenschlich nicht funktionieren. Das sollten Sie akzeptieren und gleichzeitig im Hinterkopf behalten, dass dies trotzdem kein Argument ist, das Objekt nicht zu bekommen. Grundsätzlich gilt: Machen Sie sich nicht zu viele Gedanken. Und falls es am Ende nicht funktioniert, sollten Sie dennoch freundlich bleiben. Vielleicht funktioniert es bei dem Käufer, der den Zuschlag erhalten hat, ja doch nicht und Sie kommen als Nachrücker wieder ins Gespräch. Übrigens: Was ebenfalls einen guten Eindruck hinterlassen wird, und dies gilt vor allem bei privaten Verkäufern, ist, wenn Sie eine Bewerbungsmappe mitbringen, in der alle wissenswerten Details gesammelt sind. Diese kann eine freundliche Anrede beinhalten, ein Foto von Ihnen und Ihrer Familie und – am allerwichtigsten – ein Eigenkapitalnachweis, Kontoauszüge und eine Kopie des Sparbuches. Was Sie genau in eine solche Mappe legen, ist Ihnen genauso überlassen, wie die Frage, ob Sie überhaupt eine solche erstellen wollen. Wenn Sie das Gefühl haben, zu aufdringlich zu sein, dann lassen Sie es besser ganz. In jedem Falle sollte die Bewerbungsmappe nicht mit Dokumenten überladen sein, sondern dem Verkäufer einen konkreten Einblick geben, wer Sie sind. Versetzen Sie sich einfach in dessen Lage. Oder in die Lage eines Arbeitgebers beim Vorstellungsgespräch. Auch hier gilt: Weniger ist manchmal mehr.

Auch bei gewerblichen Verkäufern mag die Sympathie eine Rolle spielen. Sollte das der Fall sein, dann wäre dies nur eine untergeordnete Rolle. Hier dreht es sich meistens um die Solvenz und den potentiellen Stressfaktor. Machen Sie klar, dass Sie sich mit vielen Dingen arrangieren können und sich gleichzeitig bewusst sind, was Sie genau wollen. Beachten Sie, dass eine kühlere Kontaktaufnahme als es bei einem privaten Anbieter der Fall ist, absolut angebracht ist. Eine Nachricht an einen gewerblichen Anbieter sollte Ihr grundsätzliches Interesse an einem möglichen Kauf des Objektes signalisieren und darlegen, dass Sie über finanzielle Mittel in ausreichendem Maß verfügen. Schließlich fragen Sie nach einem Besichtigungstermin. Oft herrscht bei solchen Angeboten ein reger Andrang. Dies ist auch Sinn der Sache, denn der Verkäufer wird das Objekt entsprechend beworben haben. Wichtig ist hier: Dranbleiben! Der Verkäufer interessiert sich nicht (wirklich) für Ihre Hobbys, Ihre Familie oder

Ihr Auto. Smalltalk nützt wenig bis gar nichts. Ihr wichtigstes Argument ist Ihre Bereitschaft, das Objekt wirklich kaufen zu wollen und es auch bezahlen zu können. Sollten Sie also ernsthaftes Interesse haben, dann sagen Sie das auch und das klar und deutlich.

Es besteht die Möglichkeit, eine Reservierungsvereinbarung aufzusetzen. Im Rahmen dieser Vereinbarung kann ein Makler sich verpflichten, das Objekt keinem weiteren Interessenten anzubieten. Das mag sich nun sehr verlockend anhören. Rechtsverbindlich ist diese Vereinbarung aber nur so weit wie eine Reservierung eines Tisches im Restaurant. Denn der Makler mag sich daran halten – aber der Verkäufer nicht. Tritt ein weiterer Interessent mit einem guten beziehungsweise besseren Angebot an den Verkäufer heran, kann dieser den Zuschlag geben, egal, ob eine Reservierung vereinbart wurde oder nicht. Grundsätzlich ist also Vorsicht angesagt, vor allem wenn ein Makler für diese Vereinbarung eine Zusatzgebühr verlangt. Das kratzt an der Seriosität und eine solche Zahlung sollte nur geleistet werden, wenn es sich bei dem Verkäufer um einen erwiesenermaßen vertrauenswürdigen Anbieter handelt. Hier hilft wieder mal ein wenig Recherche im Internet, falls Sie unsicher sein sollten. Oder Sie sprechen einfach ehemalige Kunden an, die ein solches Prozedere bereits hinter sich haben.

Bei einem Privatverkauf sollten Sie ebenfalls vorsichtig sein. Oft tut es ein Handschlag oder das Versprechen, dass Sie das Objekt auch erhalten. Dies ist aber nur dann angeraten, wenn die notwendige Sympathie inklusive Vertrauen auch wirklich vorhanden ist.

Falls Sie dennoch ein solches Schriftstück bei einem Privatverkauf aufsetzen möchten, sind verschiedene Einzelpunkte zu beachten. Das ist zum einen die Dauer der Reservierung (von/bis) sowie die Garantie des Verkäufers, mit keinen weiteren Parteien Verhandlungen zu führen. Falls doch eine Reservierungsgebühr vereinbart wird, sollte überdies vereinbart werden, dass diese zurückzuzahlen ist, falls der Kaufvertrag aus welchem Grund auch immer nicht zu Stande kommt oder eklatante Mängel und massive Schäden am Objekt erst nach der Unterschrift dieses Dokumentes auftauchen.

- Kapitel 13 -

Der Makler – Das unbekannte Wesen?

In Ordnung – so schlimm, wie es die Überschrift verheißen mag, ist es nicht. Der Immobilienmakler hat aber stets den Abschluss eines Kaufvertrages im Sinn. Schließlich verheißt ein Abschluss eine Provision und damit verdient der Makler seinen Lebensunterhalt. Somit hat er Interesse an einem Abschluss und das ist völlig logisch. Manchmal besteht also der nachvollziehbare Anreiz, das Interesse des potentiellen Käufers künstlich zu steigern. Soll heißen: Manche Makler haben ihre Tricks und sind mit „allen Wassern gewaschen" – also seien Sie es auch! Im Folgenden haben wir Ihnen ein paar typische auffällige Verhaltensmuster aufgeführt, stets in der Gewissheit, dass nicht alle Makler so sind. Viele haben nur das Wohl ihrer Käufer im Sinn und beide Parteien sollen zufrieden sein. Und nicht nur Makler haben ihre Tricks. Auch private Verkäufer haben manchmal ihre Maschen, um ihr Objekt glänzen zu lassen.

Szenario 1 – Frische Farbe

Bei der Besichtigung fallen viele kleinere Renovierungen ins Auge, wie zum Beispiel frisch gestrichene oder neu tapezierte Wände.

Kann sein: Das Haus wurde vor kurzem frisch renoviert.

Kann aber auch sein: Kleinere Schäden wurden versteckt. Das ist das gute Recht jedes Hausbesitzers, kann aber ärgerlich sein, falls so Stellen mit Schimmelbefall kaschiert werden. Denn der Schimmel kommt immer wieder. Auch feuchte Stellen könnten so retuschiert worden sein.

Lösung: Fragen Sie nach, warum bestimmte Stellen gerade frisch gestrichen wurden. Oft ist die Antwort plausibel. Möglicherweise sind beim Auszug der Vorbesitzer durch den Transport schwerer Möbel an den Wänden Schrammen zurückgeblieben, die so „repariert“ wurden. Nicht immer wartet unter jedem frischen Fleck ein ausgewachsener Schimmelpilz.

Szenario 2 – Angenehme Akustik

Während der Besichtigung läuft eine angenehme Hintergrundmusik, Radio oder sogar der Fernseher.

Kann sein: Der Makler oder Verkäufer möchte es Ihnen leicht machen, sich wie zu Hause zu fühlen oder in diese Vorstellung hineinzuversetzen.

Kann aber auch sein: Durch die nette Musik im Hintergrund wird der permanente Lärm der nahen Autobahnbrücke oder der Güterzugstrecke übertönt oder es zumindest versucht.

Lösung: Bitten Sie die Anwesenden freundlich, die Geräuschquelle (kurz) abstellen zu dürfen und hören anschließend genau hin, ob sich Ihr Verdacht erhärtet.

Szenario 3 – Die Uhr tickt

Der Makler oder Verkäufer macht sofort klar, dass er nicht viel Zeit hat und alsbald wieder weg muss.

Kann sein: Er hat wirklich Zeitdruck und Terminstress.

Kann aber auch sein: Durch die zwangsläufig kurze Besichtigungsdauer haben Sie nur unzureichend Zeit, sich umzusehen und Sie werden praktisch durch die Besichtigung gescheucht. Mögliche Mängel könnten übersehen werden.

Lösung: Nehmen Sie sich zunächst alle Zeit, die Sie brauchen. Falls die Zeit dann doch zu knapp wird, fragen Sie, ob Sie einen weiteren Termin zur Besichtigung haben können. Sollte es nötig sein, weisen Sie freundlich, aber bestimmt darauf hin, dass Sie nicht nur Interessent, sondern auch potentieller Kunde sind. Und der bringt in der Regel auch eine Menge Geld mit.

Szenario 4 - Willkommen im Chaos (nur, falls das Objekt noch bewohnt wird)

Das Haus wirkt sehr unaufgeräumt und der Makler oder Verkäufer stört sich nicht daran.

Kann sein: Es soll dargestellt werden, wie das Haus oder die Wohnung im bewohnten Zustand aussieht. Oder: Das Objekt soll so auf Sie wirken, wie es ist und das völlig „aus dem Leben." Vielleicht haben die jetzigen Besitzer auch einfach keine Lust gehabt aufzuräumen oder auch keine Zeit und sind sich des Chaos auf unangenehme Weise bewusst. Das werden Sie sicher merken.

Kann aber auch sein: Sieht jeder einzelne Raum aus wie eine Rumpelkammer, könnte das ganze Objekt vernachlässigt sein. Unter dem sichtbaren Chaos könnten sich unsichtbare Schäden verstecken oder die Unterlagen unvollständig sein.

Lösung: Selbst Hand anzulegen und die persönlichen Gegenstände des Noch-Besitzers anzufassen oder von A nach B zu räumen, ist weder die feine Art noch würden Sie das selbst wollen. Lassen Sie sich zeigen, ob Sie von der Unordnung einen echten Nachteil hätten. Zum Beispiel wenn Sie die Küche übernehmen, die in einem komplett verdreckten Zustand ist. Da sind Schäden oft nicht weit. Bei den Unterlagen sollten Sie mehrfach nachschauen, ob diese komplett sind. Ansonsten sollten Sie sich gewiss sein, dass das Chaos spätestens beim Auszug beseitigt wird.

Szenario 5 – Speed-Dating oder Besichtigung?

Der Makler oder Verkäufer führt Sie nicht durch jeden Raum oder nur sehr kurz. Er scheucht Sie praktisch durch das Objekt.

Kann sein: Beim Makler: Der Makler ist noch unerfahren. Beim Verkäufer: Nicht jeder weiß ein Objekt richtig zu vermarkten. Und ein Haus oder eine Wohnung verkauft eine Privatperson nicht alle Tage. Haben Sie Nachsicht.

Kann aber auch sein: Der Makler oder Verkäufer ist sich der Schwachstellen des Objektes sehr bewusst und möchte Sie so schnell wie möglich durchschleusen, damit diese Ihnen nicht auffallen.

Lösung: Fragen Sie höflich nach, ob Sie erneut (allein) alle Räume abgehen können. Ein unerfahrener Makler oder Verkäufer wird Ihnen diesen Wunsch nicht abschlagen. Sollte auf diese Art über Schwachstellen hinweggetäuscht werden, merken Sie das spätestens zu diesem Zeitpunkt. Andererseits wird Ihnen Ihr Gegenüber auch nicht mit der „Wahrheit“ herausrücken, sollten Mängel bekannt sein. Somit sollten Sie sich in Ruhe umschauen können.

Szenario 6 – Der Ausreden-Sucher

Der Makler oder Verkäufer weicht bei kritischen Fragen aus und lenkt ab.

Kann sein: Der Makler oder Verkäufer weiß es einfach nicht und versucht, sich nicht die Blöße zu geben. Eigentlich sollte er bestens informiert sein.

Kann aber auch sein: Sie haben einen wunden Punkt getroffen und der Makler oder Verkäufer versucht, „um den heißen Brei" zu reden und die Schwachstelle zu kaschieren.

Lösung: Je konkreter Ihre Frage wird, desto konkreter muss die Antwort ausfallen – oder eben das Ausweichen. Haben Sie ein schlechtes Bauchgefühl und befürchten, dass der Verkäufer Sie über das Ohr hauen möchte, sprechen Sie das Thema, vor dem sich gedrückt wird, an. Möchte der Makler oder Verkäufer nicht über die Heizung sprechen, sprechen Sie eben darüber. Sagen Sie, dass Sie in der Vergangenheit bereits schlechte Erfahrungen gemacht haben, und sich ganz neutral vergewissern wollen, ob hier alles in Ordnung ist.

Szenario 7 – Falsches Feng-Shui

Die Möbel, zum Beispiel im Wohnzimmer, sind vor kurzem umgestellt worden. Dies ist oft gut an hellen Stellen auf dem Boden zu erkennen.

Kann sein: Makler oder Verkäufer haben den Raum in einer Art „umdesigned“, von der sie erwarten, dass sie möglichst ansprechend auf mögliche Interessanten wirkt.

Kann aber auch sein: Auch dies könnte ein Versuch sein, Makel zu verdecken.

Lösung: Auch hier gilt, dass es unschicklich ist, ohne Erlaubnis oder Rückfrage Möbel durch die Gegend zu schieben. Hier leben noch Menschen und das ist ein klarer Fall von „Das macht man eben nicht.“ Möglicherweise lohnt sich aber ein (diskreter!) Blick unter Sofas oder Tische. Vermuten Sie allerdings einen derart hohen Schaden, dass ein Verschweigen an Betrug grenzen würde, sprechen Sie Ihren Verdacht höflich an. Getreu dem Motto: Nur sprechenden Menschen kann geholfen werden.

Szenario 8 – Geheimnisvolle Gemütlichkeit

Ein Räucherstäbchen brennt vor sich hin, Duftkerzen sind angezündet, alle Fenster stehen offen oder ein Raumspray wird versprüht

Kann sein: Makler oder Verkäufer möchten ein möglichst frisches oder heimeliges Umfeld schaffen.

Kann aber auch sein: Ohne die Maßnahmen könnte es übel riechen, was so überdeckt werden soll.

Lösung: Falls es ohne wohlriechende Mittelchen im Wohnzimmer riecht, wie in einer Waschküche, sollte sich das im Falle eines Erwerbs als außerordentlich negativ herausstellen. Also sind klare Worte angesagt. Fragen Sie, ob Sie das Fenster schließen können, weil Ihnen zu kalt oder zu warm ist. Fragen Sie außerdem, ob Sie Duftkerzen und so weiter ausmachen könnten, da Sie davon Schnupfen bekommen. Danach lüften Sie kurz und atmen tief ein. Falls alles wohlig neutral duftet – gut so!

Szenario 9 – Der Mitternacht-Makler

Eine Besichtigung des Objektes ist nur zu den Uhrzeiten möglich, bei denen es draußen schon dunkel ist. (Anmerkung: Ob Sie skeptisch werden sollten oder nicht, hängt in diesem Zusammenhang mit der jeweiligen Tageszeit zusammen. Eine Besichtigung im Dunkeln im Dezember kommt einfach vor – eine Besichtigung im Dunkeln im Juni wäre höchst ungewöhnlich).

Kann sein: Der Verkäufer ist berufstätig und hat nur abends für Sie Zeit. Ein Makler hat den ganzen Tag Termine – dass der Ihre in die Abendstunden fällt, ist Zufall.

Kann aber auch sein: Bei fehlendem Tageslicht fallen mögliche Schäden nicht so schnell ins Auge. Bei gemütlichem Licht sehen auch abgenutzte Stellen oft weniger dramatisch aus.

Lösung: An und für sich gibt es nur eine echte Lösung: Bitten Sie darum, auch einmal tagsüber vorbeizukommen – zum Beispiel in der Mittagspause oder nachdem Sie die Kinder zur Schule gefahren haben. Kommen Sie dabei dem Verkäufer oder Makler entgegen und versprechen, dass ein zusätzlicher Besuch nicht lange dauern wird. Deshalb sollten Sie sich entsprechend vorbereiten. Auch wenn sich bei künstlichem Licht nicht jeder Makel aufdecken lässt, können Sie sich zumindest ein Bild davon machen, wo sich Ecken und Kanten verstecken könnten. Nutzen Sie die Chance, um bei einem Termin mit vernünftigem Licht diese Stellen gezielt unter die Lupe zu nehmen. Das stresst den Anbieter am wenigsten – und Sie ebenfalls.

Szenario 10 – Die Katze im Sack

Sobald Sie einen Hauch von Interesse durchblicken lassen, drängeln Makler oder Käufer zum Erwerb des Objektes.

Kann sein: Der Makler spürt Ihr Interesse und hat den Abschluss bereits vor Augen und die Provision gleich mit. Der Verkäufer mag Sie einfach und kann sich nichts Schöneres vorstellen, als dass Sie der künftige Eigentümer seines Objektes sein könnten.

Kann aber auch sein: Wenn Sie nicht lange genug nachdenken können, könnte es passieren, dass Sie die Katze im Sack kaufen. Das ist schlecht für Sie: Denn bei genauerer

Betrachtung wären Ihnen dutzende Schwachstellen aufgefallen. Das weiß auch der Makler oder der Verkäufer und deshalb wird auf das Gaspedal gedrückt. Andererseits kann auch hier eine gewisse Not eine Rolle spielen: Vielleicht hat der Verkäufer finanzielle Nöte und benötigt dringend Geld? Wie auch immer – Drängelei ist immer ein Nachteil für Sie, um sich ein umfassendes Bild von dem Objekt zu machen.

Lösung: Betonen Sie, dass Sie nichts übereilen und eine oder mehrere Nächte über eine mögliche Entscheidung schlafen und nachdenken möchten. Eventuell fällt dann das Argument, dass der Anbieter gleich mehrere Interessenten an der Hand habe, die sofort zuschlagen würden. Das ist ein alter Trick! Sie kommen gar nicht in die Gelegenheit, sich ein umfassendes Bild über das Objekt zu machen. Sollten Sie sich gedrängt und unbehaglich fühlen, sagen Sie keinesfalls zu und lassen es im Zweifelsfall ganz.

Szenario 11 – Besichtigung im Eilverfahren

Sie haben sich gerade erst umgeschaut, da klingeln schon die nächsten Interessenten an der Tür.

Kann sein: Die anderen, potentiellen Käufer sind zu früh dran. Sollte dies so sein, lässt sich die unangenehme Situation sicher schnell auflösen.

Kann aber auch sein: Sollten Sie das Feld räumen müssen, haben Sie durch die verkürzte Dauer der Besichtigung einen

Nachteil! Möglicherweise erhofft sich ein Makler einen schnelleren Abschluss durch die Taktik, möglichst viele Interessenten durchzuschleusen. Ein privater Verkäufer hingegen könnte sich ein grobes Bild von Ihnen machen wollen und Sie zu einem weiteren Termin zur Besichtigung einladen.

Lösung: Sprechen Sie den Makler oder Verkäufer darauf an und fragen, ob die andere Partei genau so viel (bzw. wenig) Zeit hat und ob diese Vorgehensweise üblich sei. Falls dem so sein sollte, können Sie mitspielen – oder eben auch nicht. Falls Sie Interesse an dem Objekt haben, fragen Sie nach einem zweiten Termin.

Szenario 12 – Der Dauerquatscher

Der Makler beziehungsweise Verkäufer redet unaufhörlich auf Sie ein. Die Themen müssen dabei nicht zwangsläufig etwas mit dem Objekt an sich zu tun haben.

Kann sein: Er ist unsicher oder nervös (siehe Szenario 5).

Kann aber auch sein: Makler oder Verkäufer möchten Ihnen gar keine Gelegenheit geben, kritische Rückfragen zu stellen. Das Reden ohne Pause soll hier als Ablenkungsmanöver dienen.

Lösung: Solche Menschen kennt sicher jeder. Und ein permanenter Redefluss muss per Definition gar nichts schlechtes sein. Manche Menschen sind eben so! Sollten Sie aber vermuten, dass dies eine Taktik zum Unterbinden von Gegenfragen (und somit dem Verschleiern von Schäden oder sonstigem) sein sollte, müssen Sie aktiv werden. Unterbrechen Sie Ihren Gegenüber mit immerwährenden Rückfragen, einem Redeschwall ihrerseits oder beharrlichem Schweigen. Also einem Verhalten, dass Ihren Gesprächspartner gehörig aus der Rolle fallen lässt. Ist der rote Faden erst einmal verloren, greifen Sie ihn auf und führen fortan den Dialog. Sicher funktioniert das nicht immer. Aber einen Versuch ist es wert. Und nicht vergessen: Manche Menschen sind eben so und nicht jeder hat Böses mit Ihnen vor.

Szenario 12 – Der Stinkstiefel

Seitens des Maklers oder des Verkäufers herrscht ein raues Klima: Er ist unfreundlich und kurz angebunden. Sie fühlen sich nicht ernst genommen und auch nicht willkommen.

Kann sein: Ihr Gegenüber ist von Natur aus ein unfreundlicher Mensch – nicht mehr und nicht weniger.

Kann aber auch sein: Der Makler oder Verkäufer hat bereits einen „fast bombensicheren" Käufer an der Hand und Sie dürfen die Immobilie trotzdem noch einmal anschauen, weil Sie den Termin zeitlich betrachtet früher vereinbart haben. Andererseits kann ein Verkäufer auch derart maßlos von der Immobilie überzeugt sein, dass er es gar nicht nötig hat, Zeit für Floskeln und Höflichkeiten zu verschwenden.

Lösung: Gehen Sie dahin, wo es weh so richtig weh tut: An das liebe Geld! Suggerieren Sie, dass Ihnen das Objekt sehr gut gefällt, das nötige Kleingeld mitbringen und im Fall der Fälle sogar bereit wären, mehr zu bezahlen als es der veranschlagte Preis vorsieht. Da Sie nicht beim Poker spielen, sollte das kein vollständiger Bluff sein. Interesse Ihrerseits sollte vorhanden sein. Und falls dem so ist, legen Sie die Karten auf den Tisch, um den Stinkstiefel aus der Reserve zu locken. Schließlich sind Sie kein Bittsteller, sondern potentieller Kunde. Und von Menschen wie Ihnen leben Makler und Co.

- Kapitel 14 -

RICHTIG FINANZIEREN

Herzlichen Glückwunsch! Sie haben es geschafft – zumindest fast. Sie haben ein Objekt gefunden, das Sie wirklich interessiert. Ein Haus zum Altwerden im Grünen oder eine zweckmäßige Wohnung im Trubel der Stadt. Egal, welchen Wunsch Sie an Ihre Traumimmobilie zuvor hatten, nun wurde er erfüllt. Mit Verkäufer oder Makler haben Sie sich bestens arrangiert und alles könnte perfekt sein. Wenn da das leidige Thema Finanzierung nicht wäre. Natürlich ist es möglich, dass Sie diese Hürde ganz elegant umlaufen können, falls Sie genug Eigenkapital mitbringen, um Ihr Traumobjekt mit einem Schlag zu kaufen. Da dies aber meistens nicht der Fall ist, muss die Bank mit einem Kredit einspringen. Hier gibt es große Unterschiede. Grundsätzlich haben Sie zwei Richtwerte, die Sie künftig besonderes interessieren müssen. Die lauten: Wie viel Eigenkapital bringen Sie mit? Und: Wie hoch darf die monatliche Rate zur Tilgung des Kredites ausfallen? Da Sie bereits im Vorfeld eine Budgetermittlung gemacht haben, sind Sie bereits recht gut im Bilde, was Sie sich leisten können und was nicht. Nebenkosten und laufende Kosten werden durch die künftigen Kreditraten erweitert. Falls Ihnen bei diesem Gedanken etwas mulmig wird, ist das Ihr gutes Recht.

Womöglich kommen Sie beim Kauf einer Immobilie zum ersten Mal mit Summen in Kontakt, mit denen Sie im Alltag nicht umgehen. Trotzdem sollten Sie keine Angst vor Schulden haben. Vergleichen Sie einfach Ihre künftigen Raten mit einer – falls Sie eine hatten – Mietwohnung. Hier laufen die Kosten endlos und Sie haben nichts außer Wohnraum. Anders ist es beim Kauf. Auch hier haben Sie fixe Kosten. Aber im Vergleich zu den Mieten gibt es den Unterschied, dass diese irgendwann enden. Und dann haben Sie nach einigen Jahren nicht nur Wohnraum, sondern Ihren eigenen Wohnraum! Außerdem haben Sie eine profunde und krisensichere Kapitalanlage getätigt.

Ohnehin ist ein „Eins zu eins"-Vergleich zwischen Miete und Kreditrate nicht wirklich realistisch. Die Raten sind oft niedriger als Mieten. Außerdem können Sie die Höhe der Raten zu einem gewissen Punkt selbst bestimmen. Bei Mieten ist das nicht der Fall. Diese positiven Aspekte können Sie sich gerne vor Augen rufen, wenn Sie zum ersten Mal die nackten Zahlen sehen, die Ihre Kreditsumme darstellen. Einen weiteren Aspekt sollten Sie ebenfalls im Hinterkopf behalten: Vielleicht mag es sich so anfühlen, als seien Sie ein Bittsteller. Das ist jedoch nicht der Fall. Sie sind ein Kunde und mit Kreditgeschäften verdienen die Banken nun mal Ihr Geld. Heutige Bankberater wissen das genauso wie Sie. Da Sie eben Kunde sind, und nicht um Almosen betteln, sondern eine Dienstleistung in Anspruch nehmen möchten, haben Sie auch die freie Wahl bei den Banken.

Deshalb sollten Sie verschiedene Angebote einholen. Aber dazu später mehr. Eines steht fest: Am Schluss werden Sie schnell realisieren, dass viele Sorgen, die Sie sich im Vorfeld gemacht haben, absolut nicht nötig waren.

Doch wie kommen Sie eigentlich an einen Kredit? Der erste Schritt ist, einen Termin bei Ihrem Berater bei der Bank zu vereinbaren. Richten Sie sich darauf ein, eine gewaltige Sammlung an Dokumenten und Unterlagen mitbringen zu müssen. Auf Vollständigkeit ist zu achten. Wenn Sie alle notwendigen Unterlagen von Anfang an zusammen haben und zu Ihrem Banktermin mitbringen können, macht das nicht nur einen guten Eindruck, sondern spart auch jede Menge Zeit. Je vollständiger Ihre Dokumente, desto weniger Rückfragen hat der Bankmitarbeiter. In der Folge wird die Bearbeitungszeit kürzer und Sie gelangen schneller an Ihren Kredit. Auf die Frage, welche Papiere Sie mitbringen sollen, gibt es eine leichte Antwort: Alles das, was sich um Ihre Finanzen dreht und als Sicherheit dienen könnte.

Im Einzelnen ist dies Folgendes:

- Bei Angestellten: Gehaltsnachweise
- Bei Selbstständigen: Steuerbescheide (in der Regel über die letzten drei Jahre oder die letzte Steuererklärung)
- Kontoauszüge Ihres Girokontos über mindestens drei Monate

- Auszüge von Aktiendepots, Fonds etc.
- Auszüge von Sparkonten (Sparbüchern) und Festgeldkonten (Tagesgeldkonten)
- Bausparverträge sowie Auszüge des dazugehörigen Kontos
- Belege zu weiteren, aktuell laufenden Krediten
- Auszüge aus dem Grundbuch sowie Mietverträge (falls Sie bereits weitere Immobilien besitzen, die Sie aktuell vermieten)
- Nachweis über eine mögliche Lebensversicherung (hier auch an den Rückkaufwert denken)

Falls Sie „Riestern", ist ein entsprechender Abzug des Riester-Vertrag inklusive einer Übersicht über den Kontostand zum 1. Januar des laufenden Jahres sinnvoll. Möchten Sie als zusätzliche Sicherheit ein sogenanntes Verwandtendarlehen mit einbringen, brauchen Sie dazu einen Nachweis. In der Regel genügt eine schriftliche Zusicherung über die geliehene Summe, unterschrieben von dem betreffenden Verwandten.

Während die obenstehenden Dokumente vor allem Ihre persönliche, finanzielle Situation darstellen sollen, benötigen Sie außerdem Unterlagen, die aussagekräftige Informationen über die zu finanzierende Immobilie beinhalten.

Unbedingt mitbringen sollten Sie:

- Entwurf des Kaufvertrages (die Version, die auch der Notar bekommt)
- Grundbuchauszug
- Exposé der Immobilie und Größe des Grundstücks
- Flurkarte
- Grundriss
- Fotos, die das Objekt von innen und außen zeigen (Hier sollten im Idealfall eigene Fotos verwendet werden und nicht die „geschönten" aus dem Immobilienangebot)

Die oben genannten Dokumente beziehen sich darauf, falls Sie ein Haus direkt über einen Makler oder Verkäufer beziehen. Kommt das Objekt direkt von einem Bauträger, ist zusätzlich ein Bauträgervertrag vorzulegen. Sollte es sich bei dem Objekt um eine Eigentumswohnung handeln, sollten Sie außerdem eine Teilungserklärung mit zum Banktermin bringen.

Bei der Ermittlung des Finanzbedarfs ist nochmals der Hinweis wichtig, dass Ihr echter Bedarf nicht dem Kaufpreis entspricht. Hinzu kommen Kaufnebenkosten. Darunter fällt die Provision für die Makler, Gebühren für den Notar und die Grunderwerbssteuer. Auch sofortige Renovierungen oder Reparaturen sollten bei der Berechnung einkalkuliert werden.

- Kapitel 15 -

BEI DER BANK: DAS PERFEKTE FINANZIERUNGSMODELL FINDEN

Um festzustellen, wie Ihre ideale Finanzierung aussehen könnte, sind zwei Fragestellungen wichtig: Wie viel wollen oder können Sie monatlich zahlen und wie lange. Soll heißen: Über wie viele Jahre soll die Finanzierung laufen. Es ist wichtig zu wissen, dass eine Rate meistens konstant bleibt. Diese Rate setzt sich dabei aus zwei Teilaspekten zusammen: Tilgung und Zins. Die Tilgung ist der konkrete Teilbetrag, den Sie von Ihrem Kredit abbezahlen. Der Zins praktisch die prozentuale Gebühr, die die Bank für die Gewährung des Kredites erhebt. Da der Zins sich immer aus der noch zurückzuzahlenden Summe errechnet, sinkt der Zinsanteil an einer festen Rate und der Tilgungsanteil steigt. Dies bedeutet, dass Sie Monat für Monat Ihre Schulden schneller reduzieren und die Bank im Umkehrschluss weniger Zinsen kassiert.

Das perfekte Finanzierungsmodell zu finden, ist keine leichte Aufgabe. Wenn Sie sich an einige Basisschritte halten, gelingt es aber trotzdem. Das wichtigste ist die geplante Höhe des Kredits. Dass sich diese Summe nicht nur aus den reinen Kaufkosten zusammensetzt, haben wir bereits festgestellt. Aber was ist zu tun, wenn Ihr Kreditbedarf Ihre echten Kosten übersteigt? Oder die Raten so hoch werden, dass Ihre Lebensqualität erheblich sinken würde? Da hilft nur sparen – oder das Eigenkapital erhöhen. Machbar ist dies durch einen Kredit durch Verwandte. Ansonsten müssen Sie tatsächlich etwas sparsamer oder geduldiger sein. Müssen manche Mängel sofort beseitigt werden oder lässt sich zur Not mit gewissen Mängeln leben? Diese Frage sollten Sie sich unbedingt stellen. Natürlich kommt bei der Beantwortung auch vieles auf Ihr künftiges zu Hause an. In einem Altbau, der von Dach bis Keller saniert werden muss, können optische Mängel zunächst verschmerzbar sein. In einem Objekt, das hervorragend in Schuss ist, stört gerade die Delle im Parkett besonders. Letztendlich entscheiden Sie zu einem gewissen Teil mit, was Sie sofort bezahlen möchten. Gerade dann, wenn es um die Renovierung geht.

Natürlich kommt es auch auf die vereinbarten Raten an. Sie vereinbaren innerhalb des Kreditvertrages, wie viel Prozent des geliehenen Geldes Sie im ersten Jahr pro Monat zurückzahlen möchten. In der Regel sind dies ein oder zwei Prozent. Das Minimum wird von der Bank festgesetzt. In letzter Zeit werden höhere Quoten aber immer üblicher, um das Ausfallrisiko zu reduzieren. Wie bereits festgestellt, gilt: Je höher die Tilgung, desto schneller werden Sie Ihre Schulden los. Somit haben Sie einen echten Reiz, vergleichsweise viel und schnell zurückzuzahlen. Eine einfache Methode ist, die Regeltilgung nach dem ersten Jahr zu erhöhen. Eine weitere sehr gute Möglichkeit ist die Vereinbarung, eine Sondertilgung tätigen zu können. Natürlich wäre es für die Bank wenig erfreulich, wenn Sie den Komplettpreis auf einen Schlag zurückzahlen. Und nicht nur für den Kreditgeber ist das schlecht. Für den Kreditnehmer kann hier eine Vorfälligkeitsentschädigung anfallen. Dies bedeutet, dass die Bank die Zinsen, die über die ursprüngliche Laufzeit des Kredites anfallen würden, trotzdem einfordern kann. Damit Sie das tunlichst unterlassen und nicht mehrere Hunderttausende Euro auf einen Schlag zurückzahlen, setzt die Bank eine Grenze der maximalen Sondertilgung. Dies können vier oder fünf Prozent des ursprünglichen Darlehens sein. Eine Sondertilgung ist einmal jährlich möglich. Verpflichtend ist sie aber nicht, sondern bietet Ihnen nur eine zusätzliche Option neben der vereinbarten Rate. Viele Immobilieneigentümer nutzen die Möglichkeit der Sondertilgung in den Jahren, wo ein wenig Geld in der Haushaltskasse übrigbleibt.

Achten Sie zusätzlich auf die Zinsbindung. Die unterliegt nämlich einer Art von Verfallsdatum. Die Zinsbindung läuft zu einem gewissen Zeitpunkt aus. Dies kann – je nach Vereinbarung – nach fünf, zehn oder zwanzig Jahren sein und bietet für Sie eine gute Möglichkeit, einen hohen Betrag zu tilgen. Diese Möglichkeit bietet sich am Tag des Zinswechsels. Was es zum Kredit noch zu beachten gibt, haben wir am Anfang des Buches schon erläutert.

Eine weitere Methode ist, flexible Monatsraten zu vereinbaren. Meist können Sie innerhalb eines vertraglich festgelegten Rahmens die Raten hoch- oder heruntersetzen. Abhängig ist dies von der jeweiligen finanziellen Gesamtsituation. Steht eine hohe, ungeplante Investition ins Haus, wie zum Beispiel größere Reparaturen, können Sie die Rate senken. Das kann sehr entlastend wirken. Wenn es die finanzielle Situation wieder zulässt, ist es umgekehrt möglich, die Rate wieder zu erhöhen. Ebenfalls ist auch die Grundrate verhandelbar. Eine niedrige Rate ist verlockend – schließlich müssen Sie weniger Geld pro Monat an die Bank abdrücken. Für die Bank ist dieses Geschäft eine gute Sache. Je weniger Sie pro Monat bezahlen, desto höher bleiben Ihre Schulden und damit die Zinsen.

Möglicherweise wäre es für Sie auch eine ansprechende Option, Ihr Immobiliengeschäft von mehreren Parteien finanzieren zu lassen. Neben der Bank können Sie auch Mittel der KfW, der Kreditanstalt für Wiederaufbau, anzapfen. Bitte wundern Sie sich nicht: Der Name stammt noch aus der Zeit unmittelbar nach dem Zweiten Weltkrieg. Damals ging es um den Wiederaufbau im zerstörten Nachkriegsdeutschland. Heute erfüllt die KfW andere Zwecke. Eine Möglichkeit für die Beschaffung von Finanzmitteln stellen Bausparkassen dar. Prinzipiell können Sie einen individuellen Finanzierungsmix erstellen. Das ist aber im Vergleich zum gängigen Finanzkredit etwas kompliziert, nicht in jedem Fall sinnvoll und auch nicht jedermanns Geschmack. Sinnvolles Abwägen und Durchrechnen ist hier eine Pflichtaufgabe und das kann mitunter kompliziert sein.

Abzuwägen gilt es beim Anbieter auch zwischen meist günstiger Online-Bank und der etwas teureren Bank vor Ort. Steht die günstige Finanzierung im Vordergrund, fahren Sie mit der Online-Bank fast immer besser. Gibt es im Laufe des Kreditzeitraums jedoch einmal Rede- oder Beratungsbedarf, finden Sie im persönlichen Gespräch bei Ihrer Bank vor Ort vermutlich schneller eine gute Lösung.

Sorgfältig nachrechnen sollten Sie aber auch, wenn Sie von der Möglichkeit des Darlehenssplittings Gebrauch machen. Das hat Vor- und Nachteile. Im Grunde nehmen Sie mehrere Kredite auf einmal bei der Bank auf. Dies geschieht zu unterschiedlichen Konditionen. Ein Kredit läuft lange und hat eine ebenso langfristige Tilgung. Bei dem anderen Darlehen ist es genau andersherum. Hier besteht nur eine kurze Bindungsdauer und der Zins ist geringer. Diese Kombination birgt ebenfalls Vor- und Nachteile für Sie. Einerseits sind Sie finanziell ein wenig flexibler, andererseits binden Sie sich langfristig an Ihre Bank.

FINANZIEREN PER BAUSPARVERTRAG

Wer eine Immobilie erstehen oder bauen möchte, kam häufig um einen Bausparvertrag nicht herum. Denn im Grunde ist ein Bausparvertrag ein klassisches, aber gleichzeitig patentes Mittel für Ihre Immobilienfinanzierung sowie eine vielversprechende Alternative für den Kredit bei Ihrer Bank. Doch nicht immer ist der Bausparvertrag das Mittel erster Wahl. Es kommt darauf an, wann Sie Ihren Bausparvertrag abgeschlossen haben oder vielleicht noch gar keinen besitzen. Je nach Szenario haben Sie dann das Problem, dass Sie im Vergleich zu einem herkömmlichen Bankkredit draufzahlen. Grundsätzlich lohnen sich Bausparverträge erst dann, wenn sie bereits vor einiger Zeit abgeschlossen wurden. Liegt der Vertrag lange genug, können Sie Ihr Darlehen abrufen – es ist reif. Ob und wie Sie finanzielle Mittel abrufen können, teilt Ihnen Ihre Bausparkasse mit. Nun können Sie entscheiden, ob Sie das Bauspardarlehen beispielsweise in Kombination mit Ihrem Bankkredit zur Finanzierung verwenden. Aus diesem Szenario ergeben sich Vor – und Nachteile. Ein klares Pro ist, dass Sie einen kleineren Kredit bei der Bank aufnehmen müssen. Somit ist die Bindung an das Kreditinstitut nicht so hoch wie bei einer ausschließlichen Finanzierung durch die Bank. Und die Konditionen verbessern sich in der Regel ebenfalls. Außerdem ist die Tilgung eines Bauspardarlehens etwas flexibler. Sie haben die Möglichkeit, auch über die Mindestrate hinaus Tilgungen vorzunehmen. Diese Möglichkeit der schnelleren Rückzahlung ist für viele Käufer attraktiv. Dabei gilt es jedoch zu bedenken, dass die Tilgungsrate oft recht hoch angesetzt ist. Gleiches gilt für den Zins.

Im anderen Fall haben Sie zwar einen Bausparvertrag abgeschlossen, dies aber vor vergleichsweise kurzer Zeit und Ihr Vertrag ist noch nicht zuteilungsreif. Möchten Sie dennoch von Ihrem Bausparvertrag Gebrauch machen, ermöglicht dies Ihre Bausparkasse in Form einer Zwischenfinanzierung: Sie erhalten Ihr Darlehen und warten zeitgleich weiter auf Zuteilungsreife. Dies bedeutet, dass Sie auch weiter Ihre Bausparraten in den Vertrag einzahlen. Ob diese Form der Finanzierung für Sie interessant sein könnte, gilt es sorgfältig abzuwägen. Denn die Bausparkasse errechnet einen Effektivzins. Ist dieser Zins höher als der Zins in dem Kredit, den Ihnen die Bank anbietet, können Sie den Plan der Zwischenfinanzierung gleich wieder verwerfen, da Sie mehr bezahlen müssten. Des Weiteren wartet auf Sie eine doppelte Belastung. Sie müssen nicht nur Raten auf den Zins abbezahlen, sondern auch weiter in den Bausparvertrag einzahlen. Hier gilt es akribisch durchzurechnen, ob diese Situation für Sie gegenwärtig und zukünftig tragbar ist.

Ein weiterer Punkt, der gegengerechnet werden muss, ist die Frage nach dem Zeitpunkt der Schuldenfreiheit. Entspricht der Punkt demselben wie bei einem Bankkredit, haben Sie auch beim Faktor Zeit keinerlei Vorteile. Soll heißen: Sie können beim Bankkredit bleiben, da Sie nichts gewinnen. Wie Sie sehen, sind die Möglichkeiten, einen Bausparvertrag zu nutzen, bevor dieser zuteilungsreif ist, begrenzt und sie versprechen oft keine Verbesserung im Vergleich zu den Krediten, die Sie bei der Bank angeboten bekommen. Um die Möglichkeiten der Bausparfinanzierung dennoch vollständig aufzuzählen, sei hier auch die Möglichkeit der so genannten Sofortfinanzierung genannt. Manchmal haben diese Formen der Finanzierung andere Bezeichnungen, trotzdem meinen sie das gleiche. Wenn Sie keinen Bausparvertrag besitzen und trotzdem über eine Bausparkasse finanzieren möchten, können Sie dies durchaus. Zunächst müssen Sie einen solchen Vertrag abschließen. Gleichzeitig finanziert Sie die Bausparkasse über einen Kredit. Im Prinzip stehen Sie dann vor der gleichen Situation wie bei der Zwischenfinanzierung. Sie zahlen den Kredit ab und sparen weiter ratenweise in den Bausparvertrag. Ist dieser nach einiger Zeit zuteilungsreif, löst der Bausparvertrag Ihren ersten Kredit vollständig ab. Der Nachteil: Das dauert lange und auch hier sehen Sie sich durch die parallele Zahlung von Kredit- und Sparrate einer finanziellen Doppelbelastung ausgesetzt.

DURCHBLICK IM FÖRDER-DSCHUNGEL

Die gute Nachricht zuerst: Als Immobilienkäufer und Häuslebauer stehen Sie beim Staat ganz weit oben in der Sympathieskala. Denn der Bund sieht es gerne, wenn Sie in eine Immobilie investieren: Ein eigenes Haus oder eine Eigentumswohnung ist eine gute und risikoarme Kapitalanlage und eine hervorragende Altersvorsorge. Außerdem werden Sie unabhängiger, schließlich brauchen Sie keine Miete mehr zahlen. Alle diese Aspekte sind förderungswürdig – und deshalb fördert der Staat Sie. Und nun kommt die schlechte Nachricht. Eine Förderung zu finden ist nicht unkompliziert. Denn die Zahl der Möglichkeiten zur Förderung ist hoch, aber eben auch undurchsichtig. Nicht umsonst werden die verschiedenen Angebote in Deutschland auch als „Förder-Dschungel" bezeichnet. Deshalb sollten Sie bei der Suche nach der richtigen Förderung mit System vorgehen und dies getreu dem Motto „von oben nach unten": Von Bundes- auf Länderebene und danach auf Gemeinde- bzw. Stadtebene.

Zuallererst hätten wir da die verschiedenen Hilfen der KfW. Der Vorteil: Die KfW betrachtet Sie als individuellen Fall und unterstützt nicht nur beim Erwerb einer Immobilie, sondern auch darüber hinaus. Zum Beispiel, wenn Sie Ihr Heim barrierefrei umbauen möchten. Die Programme der KfW variieren. Welche Angebote gerade bestehen, ist leicht mit einer Recherche im Internet herauszufinden. Bitte beachten Sie jedoch, dass Sie die Finanzierungsprogramme der KfW nicht online beantragen können – dies geschieht bei der Hausbank. Wundern Sie sich aber nicht, wenn der Finanzberater bei Ihrer Bank wenig begeistert ist, wenn Sie mit der Idee, eine KfW-Finanzierung abzurufen, bei ihm im Büro sitzen. Denn im Grunde ist es so: Alles was Ihnen die KfW finanziert, finanziert Ihnen die Bank nicht mehr. Ihr Anliegen bedeutet einen Umsatzverlust für die Bank und – die KfW-Finanzierung muss schließlich von der Bank bearbeitet werden – das bedeutet eine Menge zusätzlichen Verwaltungsaufwand. Aber auch wenn diese Form der Finanzierung bei den Bänkern unbeliebt ist, wird Ihr Berater Ihnen trotzdem weiterhelfen. KfW-Hilfen sind kein exotischer Sonderfall, sondern ein häufiger Bestandteil bei der heutigen Finanzierung von Immobilien. Aber vielleicht wird Ihnen Ihr Berater beim Kreditinstitut nicht die besten Konditionen bezüglich der KfW-Mittel heraussuchen. Hier ist Eigeninitiative gefragt. Machen Sie sich vor dem Termin bei der Bank umfassend schlau.

Etwas speziell ist das so genannte „Wohn-Riester". Die Riester-Rente kann für die Finanzierung Ihrer Immobilie verwendet werden. Knackpunkt: Das Objekt darf nicht Gegenstand von Spekulationen sein und Sie müssen selbst dort einziehen. Diese Regelung unterstreicht, dass die Riester-Rente das bleibt, was sie nun einmal ist – eine Altersvorsorge. Das System dahinter ist recht praktisch. Ihr angespartes Riester-Guthaben können Sie als Eigenkapital einsetzen. Dies wirkt sich wiederum positiv auf die Kredithöhe aus und Sie müssen weniger Geld von der Bank leihen. Im Rahmen des Riester-Vertrags können Sie außerdem Darlehen aufnehmen, das zusätzlich gefördert wird. Einen Haken gibt es allerdings trotzdem: Das Verfahren, um Ihren Riester-Vertrag zur Immobilienfinanzierung zu verwenden, ist langsam und aufwendig. Denn die Beantragung läuft über die Zentrale Zulassungsstelle für Altersvermögen, einer Abteilung der Deutschen Rentenversicherung. Und genauso bürokratisch, wie sich diese Bezeichnung liest, ist es auch. Nach einer Beantragung können Monate ins Land gehen, bis Sie Ihre Finanzierung starten können. Und es wäre sehr nachteilig, wenn Sie eine Immobilie kaufen und das Geld aus dem Riester-Topf noch nicht verfügbar wäre. Dann fehlt Ihnen das wertvolle Eigenkapital und diese Situation stresst wirklich alle Beteiligten. Eigentlich hilft da nur die richtige und frühzeitige Initiative. Sprechen Sie mit dem Mitarbeiter der Zentralen Zulassungsstelle für Altersvermögen und erkundigen Sie sich, wie lange es in etwa dauern wird, bis Ihr Vorhaben bewilligt wird. Stehen die Chancen schlecht, dass Ihr Wohn-Riester zeitnah für eine Finanzierung eingesetzt werden kann, müssen Sie in den sauren Apfel beißen und akzeptieren, dass diese Finanzierungsmöglichkeit nicht das richtige sein wird. Es sei denn, Sie hatten die Lösung per Wohn-Riester schon auf dem Schirm, bevor Sie mit der Suche nach dem Objekt Ihrer

Träume überhaupt begonnen hatten. Dann lohnt sich die Idee. Für Kurzentschlossene ist der Wohn-Riester allerdings nicht das Wahre. Sollten Sie von dem Wohn-Riester Gebrauch machen, wartet ein kleiner Haken auf Sie. Wenn Sie erst einmal im Ruhestand sind, müssen Sie die Wohn-Riester-Förderung nachträglich versteuern. Wie viel das genau ist, ist kaum festzustellen. Wer weiß schon wie hoch die Steuern in einigen Jahren sein werden? Bei diesem kleinen Haken liegt die Betonung auf „klein". Die nachträglichen Steuern werden keine Unsummen verschlingen, das sollte feststehen. Somit bleibt der Wohn-Riester ein patentes Mittel zur Finanzierung – wenn die lange Bearbeitungsdauer nicht wäre! Wer schnell schaltet und sowieso riestert, hat hier eine großartige Option zur Hand.

In Deutschland ist die Förderung beim Kauf einer Immobilie Ländersache. Das bedeutet, dass sich die Möglichkeiten von Bundesland zu Bundesland unterscheiden. Die Förderungen lohnen sich allerdings oft: Die Förderbanken der Länder unterstützen mit zinsgünstigen Darlehen oder Tilgungszuschüssen. Im Moment gibt es reichhaltige Angebote, wenn es um das Thema energetische Sanierung geht. Die Unterstützungsangebote der Förderbanken sollten Sie nicht nur im Auge behalten, wenn es um den konkreten Immobilienkauf geht. Auch, wenn Sie später eine neue Heizung anschaffen möchte, besteht die Möglichkeit auf einen satten Zuschuss und Sie können eine Menge Geld sparen.

Ein weiterer Blick lohnt sich auf die Homepage der Kommune, in der Sie eine Immobilie erwerben möchten. Manchmal bezuschussen auch Städte bzw. Gemeinden Ihr Vorhaben, zum Beispiel in Form von besonderen Grundstücksangeboten.

Grundsätzlich ist bei dem Vorhaben, Licht ins Dickicht des „Förder-Dschungels“ zu bringen, die Verbraucherzentrale ein guter und zuverlässiger Ansprechpartner. Entsprechende Recherche-Tools finden Sie ebenfalls im Internet.

Nicht unerwähnt soll das Baukindergeld bleiben. Diese Förderung lohnt sich vor allem für Familien mit Kindern, wie sich an der Bezeichnung unschwer erkennen lässt. Die Zahlen können sich sehen lassen: Pro Kind gibt es 1.200 Euro über zehn Jahre von der KfW und dem Bundesministerium des Innern, Bau und Heimat. Folglich haben Sie nach der Maximaldauer von zehn Jahren 12.000 Euro erhalten. Bei zwei Kindern sind es 24.000 Euro, bei drei Kindern 36.000 Euro, bei vier Kindern 48.000 Euro und bei fünf Kindern 60.000 Euro. Gefördert wird das Wohneigentum als solches. So macht es keinen Unterschied, ob Sie sich ein Haus oder eine Eigentumswohnung zulegen. Dies ist ein sehr sinnvolles Instrument, das seinen Zweck gut erfüllt. Ein „Aber“ gibt es immer. Das Baukindergeld gilt nur für Kinder, die beim Zeitpunkt der Antragsstellung auch wirklich existieren. Das heißt also, dass für später geborene Kinder keine wietere Förderung per Baukindergeld möglich ist. Ein weiterer

Haken ist der, dass kein Familienmitglied Besitzer einer weiteren Immobilie sein darf. Zumindest nicht dann, wenn der Kaufvertrag der zu beziehenden Immobilie mitsamt Kindern abgeschlossen wird. Außerdem gibt es eine Einkommensobergrenze. Wer zu viel verdient, wird nicht in den Genuss der Förderung kommen. Die Obergrenze bezieht sich auf das Einkommen einer ganzen Familie. Bei einem Kind ist die Grenze bei 90.000 Euro festgelegt, bei zwei Kindern bei 105.000, bei drei Kindern bei 120.000 Euro, bei vier Kindern bei 135.000 Euro, bei fünf Kindern 150.000 und so weiter. Die Obergrenze wird also pro Kind in 15.000er Schritten verschoben.

MAßGESCHNEIDERTE KREDITE AUSARBEITEN – DAS KREDITGESPRÄCH

Über das alles entscheidende Gespräch bei der Bank, bei dem es darum geht, wie hoch Ihr Kredit sein soll oder muss sowie die verschiedenen Möglichkeiten einer Finanzierung, haben wir jetzt schon eine Menge gehört. Während es bei dem ersten Aufeinandertreffen mit dem Verkäufer einer Immobilie auch auf den ersten Eindruck und eine gewisse Sympathie ankam, zählen bei der Bank nur die knallharten Fakten, die Sie auf den Schreibtisch des Bankmitarbeiters legen.

Wir haben bereits gelesen, dass hier eine sorgfältige Vorbereitung das A und O ist. Alle notwendigen Dokumente, die Sie mitbringen sollten, haben wir bereits aufgezählt. Wichtig ist, dass die wesentlichen Papiere dabei sind, also die, die sich um Ihr Vermögen und die Eigenheiten der zu finanzierenden Immobilie drehen. Außerdem gilt es zu beachten: Ehrlich währt am längsten. Machen Sie alle Angaben wahrheitsgetreu und verschweigen Sie nichts. Alle Dokumente sind ordnungsgemäß und verständlich auszufüllen. Stellen Sie im Gegenzug aber auch wirklich alle Fragen, die Ihnen unter den Nägeln brennen. Ihr Bankberater wird sie explizit erklären. Denn an Ungereimtheiten im Nachhinein ist auch das Kreditinstitut nicht interessiert. Und Zeit ist genug da: Solche Gespräche können mitunter Stunden dauern. Aber auch die Bank hat Fragen, und das teilweise jede Menge. Ein Grund für die aufwendige Informationssammlung ist der Wohnimmobilien-Kreditrichtlinie geschuldet. Diese Richtlinie soll Kreditnehmer vor allem vor völlig ungeeigneten Krediten schützen. Insbesondere vor jenen Krediten, die die Kreditnehmer irgendwann nicht mehr bedienen können. Grundlage der Richtlinie ist der Gedanke, dass der Wert der Immobilie nicht mehr allein den Kredit als Basis absichert. Deshalb kann es sein, dass der Bankberater allerlei Fragen zu Ihrer finanziellen Situation hat, auch wenn diese auf den ersten Blick ganz und gar unwichtig erscheinen. Rückfragen zu Ihrem Arbeitsplatz, möglichen Versicherungen oder auch Ihrer beruflichen Ausbildung sind möglich. Die Bank möchte sich so eine Perspektive verschaffen, wie Sie zukünftig finanziell aufgestellt sein werden. Die Frage nach Ihrer Arbeitsbranche ist da gar nicht unrealistisch. Dass die Bank hier nachbohrt, hat einen wichtigen Grund: Aufgrund der Wohnimmobilien-Kreditrichtlinie haftet das Geldinstitut nämlich gleich mit, wenn Sie Ihren Kredit nicht mehr bedienen können und die Bank Ihre Lebensumstände im Vorfeld nicht sorgfältig geprüft hätte. Eine mögliche Folge wäre dann, dass Ihre Bank Ihnen zu Schadenersatz verpflichtet ist.

In diesem Rahmen können Sie gerne erwähnen, dass Sie sich – falls Sie das gemacht haben – Angebote von weiteren Banken eingeholt haben. Ein guter Faktor, um verschiedene

Angebote zu vergleichen, ist der Effektivzins. Der Bankberater wird sich dabei kaum unter Druck gesetzt fühlen. Dass Sie sich auch andere Angebote einholen, ist ein gängiges Verfahren. Schließlich möchte jeder Immobilienkäufer den besten „Deal" herausfiltern und es geht hier nicht gerade um „Peanuts". Ein entsprechender und freundlicher Hinweis an Ihren Berater, dass Sie ein besseres Kreditangebot bei einer anderen Bank gefunden haben, könnte hilfreich sein. Möglicherweise kann der Mitarbeiter das Angebot ein wenig zu Ihren Gunsten anpassen. Dies könnte vor allem dann der Fall sein, falls Sie betonen, dass Sie gerne den Kreditvertrag bei der Bank abschließen möchten, in dessen Büro Sie gerade sitzen. Oft gibt es ein wenig Spielraum, der für Sie nun nützlich sein könnte.

Im Kreditgespräch gilt es nun, alle Feinheiten zu klären. Es ist das Sinnvollste, erneut eine Liste anzulegen und diese Punkt für Punkt durchzuarbeiten. Ärgerlich wäre es, wenn Sie ein wichtiges Detail vergessen oder zu spät erkennen. Auch wenn es mühsam erscheinen mag, alle Einzelheiten immer wieder aufs Neue durchzurechnen, sparen Sie sich jede Menge Ärger, falls sich einige Fehler eingeschlichen haben.

Stellen Sie sich also folgende Fragen:

Haben Sie wirklich alle Kosten im Vorfeld kalkuliert und kommen Sie mit der Kreditsumme hin? Hier ist noch einmal der Hinweis wichtig, dass der Kredit nicht nur den Kaufpreis abdecken muss, sondern viele weitere Kostenfaktoren wie die Grundbucheintragung, Notar- und Maklerkosten und in jüngerer Zukunft anstehende, wichtige Reparaturen.

Wird das Geld zu dem Zeitpunkt ausgezahlt, wenn Sie es auch wirklich benötigen? Vergewissern Sie sich, dass alle Termine stimmen. Sie haben sicherlich mit dem Verkäufer ein Datum verhandelt, wann das Geld überwiesen werden soll. Stellen Sie sicher, dass die Bank von diesem Termin auch Kenntnis hat. Eine entsprechende Terminabsprache sollte in der Regel kein Problem darstellen.

Stimmt die fixierte monatliche Rate? Prüfen Sie lieber einmal zu viel als zu wenig, ob die Monatsraten korrekt festgehalten wurden. Ärgerlich ist es, wenn Sie zu viel bezahlen. Ist es zu wenig, hat dies auch Nachteile.

Ist die festgesetzt Anfangstilgung korrekt? Auch hier müssen die Prozentzahlen gemäß Ihrer Vereinbarung stimmen. Daraus ergeben sich die Berechnungen weiterführender Schuldentilgungen, die in der Folge inkorrekt wären.

Wurde die Berechnung der Restschuld pro Monat korrekt ausgeführt? Prüfen Sie, ob alle Einzelheiten, die die Rückzahlung Ihrer Schulden betreffen, ordentlich dargelegt werden.

Sind Sollzins und Effektivzins richtig festgelegt? Da sich der Zins um die Kosten Ihres Kredites dreht, lohnt sich auch hier ein weiterer Blick auf das Zahlenwerk. Gerade wenn es um den Effektivzins geht. Schließlich beschreibt der den „Preis" Ihres Kredites. Schauen Sie ebenfalls nach der korrekten Frist bis zum Einsetzen des Bereitstellungszinses inklusive dessen Höhe.

Sind Sondertilgungen oder Ratenwechsel innerhalb der Zinsbindungsfrist möglich? Achten Sie bei diesen Punkten darauf, dass alles korrekt erfasst wurde. Es ist schlecht, wenn Sie in der Zukunft Geld übrig haben und es per Sondertilgung loswerden möchten, es aber nicht können, weil im Vertrag etwas anderes steht, als Sie es sich vorgestellt haben. Gleiches gilt für einen Wechsel der Raten innerhalb des festgelegten Rahmens. Dies könnte negative Auswirkungen haben, sollte es bei Ihnen einmal finanziell schlechter aussehen. Beide Punkte ermöglichen Ihnen ein zusätzliches Maß an finanzieller Flexibilität, die Sie entsprechend nutzen können bzw. sollten. Schauen Sie hier dementsprechend genauer hin.

Ein weiterer Punkt, der Ihnen spätestens jetzt ins Auge fallen sollte, ist jener, der sich mit zusätzlichen Gebühren beschäftigt. Wird eine Teilauszahlung vertraglich gewährt, sollten Sie unbedingt checken, ob diese gebührenfrei sind. Genauso ist es oft möglich, die Tilgung in den ersten Monaten auszusetzen. Das kann Sinn machen, wenn Sie die

Immobilie erst einige Wochen oder Monate nach dem Kauf beziehen können und ansonsten längere Zeit Kredit und Miete gleichzeitig zahlen müssten. In dem Fall lässt sich die Bank häufig darauf ein, die Tilgung für die ersten Monate auszusetzen.

Nun sind Sie alles noch einmal durchgegangen, Sie sind zufrieden und haben eine passende Finanzierung für Ihr Traumhaus gefunden. Wie geht es jetzt weiter? Nun können Sie sich ein Finanzierungsangebot ausstellen lassen. Dies ist wichtig für den Besuch beim Notar. Häufig verlangt der Makler oder Verkäufer ein Finanzierungsangebot der Bank, bevor es zum Notar geht. Haben Sie den erst einmal in der Tasche, sagen Sie der Bank zu und nehmen das Kreditangebot an.

- Kapitel 16 -

DAS GROẞE FINALE: DER TERMIN BEIM NOTAR

Fällt erst einmal das Wort Notar, haben Sie es fast geschafft. Von Ihrer Seite her steht die Finanzierung und der Verkäufer möchte seine Immobilie endlich loswerden. Jetzt trennt Sie nur noch wenig von Ihrem Traumhaus oder der Wohnung, die Sie sich schon immer gewünscht haben. Um den Verkauf zu besiegeln, reicht allerdings kein Handschlag oder ein selbstverfasster Vertrag. Ein Immobilienkaufvertrag muss immer von einem Notar aufgesetzt werden. Notare bekleiden ein öffentliches Amt und müssen deshalb immer neutral sein. Einen Vertrag, der eine der beiden Seiten bevorteilt oder benachteiligt, werden Sie nicht finden. Außerdem ist ein Notar verpflichtet, Käufer und Verkäufer gleichermaßen zu beraten. Dies gilt allerdings nur in Bezug auf gültiges Recht und nicht bei finanziellen Belangen. Wenn ein Verkäufer ein Haus viel zu billig abgibt oder Sie sich als Käufer auf ein Wucherangebot eingelassen haben, kann der Notar auch nichts mehr machen. Schließlich verstößt ein schlechtes Geschäft nicht gegen gültiges Recht. Außerdem ist der Notar kein Sachverständiger für Immobilienpreise und kann im Normalfall nicht fachlich beurteilen, ob es sich hier um ein Schnäppchen handelt oder nicht. Und falls doch, kann er trotzdem nichts machen.

Ein Vertrag, der durch einen Notar aufgesetzt wurde, wird nach exakten Kriterien ausgearbeitet. Exakt bemessen ist auch das Honorar eines Notars. Dies ist klar im Gerichts- und Notarkostengesetz geregelt. Auch wenn sich die Parteien einen Notar aussuchen können, ändert das somit nichts am Preis. Haben Sie sich auf einen Notar geeinigt, kommt es oft zu einem Vorgespräch. Es ist wichtig, dass Sie zu diesem Termin bereits Ihre Finanzierungsunterlagen dabei haben. Sprechen Sie dazu im Vorfeld mit Ihrem Bankberater. Denn erst dann kann ein Vertrag aufgesetzt werden. Dazu kommen viele weitere Dinge, die in einem Vorgespräch zu klären sind. Als Käufer haben Sie allerdings etwas mehr Ruhe. Viele wichtige Details betreffen den Verkäufer und nicht Sie. Die Einzelheiten, die der Verkäufer hier anbringen muss, sind oft wesentliche Fakten, die Ihnen bereits bekannt sind. Wie erwähnt, geht es beim Gespräch mit dem Notar erneut um Ihren Kredit. Denn der muss erst die Grundschuld im Grundbuch als Sicherheit eintragen – sonst wird die Bank kein Geld überweisen. Darum kümmert sich der Notar aber selbstständig und Sie müssen nicht aktiv werden.

Bevor ein Vertrag aufgesetzt werden kann, benötigt der Notar noch ein paar Details über Ihre Person. Keine Sorge, das ist nicht viel: Von Ihnen als Käufer werden nur Name und Adresse benötigt. Bitte bringen Sie dazu Ihren Personalausweis oder den Reisepass mit. Außerdem wird der Notar noch eine Information darüber haben wollen, wie Sie den Kauf der Immobilie finanzieren werden. Die Bankunterlagen haben Sie ja sowieso schon dabei.

Dann wird der Notar einen Vertragsentwurf aufsetzen und Ihnen zukommen lassen. Es ist wichtig, dass Sie sich vor dem Termin der Beurkundung genug Zeit lassen können, um den Entwurf auf Herz und Nieren prüfen. Auf was Sie besonders achten müssen, werden wir gleich noch sehen. Finden Sie inhaltliche Fehler, können Sie den Notar darauf ansprechen, der die Mängel in der Folge korrigieren wird. Es kann in seltenen Fällen aber auch passieren, dass Sie Zweifel an der Neutralität des Notars hegen. Zum Beispiel dann, wenn Sie sich im Vertragsentwurf benachteiligt fühlen. In diesem Fall können Sie einen Einzeltermin mit dem Notar vereinbaren. Sollten Sie auch danach noch nicht zufrieden sein, können Sie einen zweiten Notar bestellen, der den Vertrag erneut prüft.

Sollte alles in Ordnung sein, kommt es zur Vertragsunterzeichnung.

IMMOBILIENKAUFVERTRAG: DAS MUSS DRIN SEIN

Kaufverträge folgen stets einem festen Muster. Es gibt einfach Dinge, die müssen schriftlich fixiert sein. Doch die Reihenfolge kann sich manchmal von Notar zu Notar unterscheiden. Da der Kaufvertrag wohl das wichtigste Dokument auf Ihrem Weg zum Eigenheim ist, sollten Sie der Prüfung des Vertrages besondere Aufmerksamkeit und Zeit widmen. Auch hier gilt: Besser einmal zu oft geprüft als einmal zu wenig. Der Notar kann Sie hier nicht retten: Für ihn besteht keinerlei Verpflichtung, die Fakten nochmals gegen zu checken. Sollten Sie das nicht tun, kann das für Sie richtig übel enden. Es könnte sein, dass der Vertrag ungültig wird. Oder noch schlimmer: Sie kaufen eine andere Immobilie. Das ist natürlich ein extremer Fall, aber für Schlamperei ist bei Immobilienkaufverträgen keine Zeit. Schnappen Sie sich also einen Stift und ein Blatt Papier und gehen Sie alles akribisch und sorgfältig durch.

Sind alle Namen korrekt und vollständig? So banal es auch klingen mag: Es kann auch hier zu Fehlern kommen. Prüfen Sie nicht nur, ob alle Namen korrekt geschrieben sind, sondern auch, ob alle Personen genannt werden, die die Immobilie kaufen möchten. Wenn Sie verheiratet sind, müssen beide Ehepartner aufgeführt sein. Gleiches gilt für Lebensgemeinschaften.

Ist die Adresse der zu kaufenden Immobilie richtig? Schauen Sie auch hier noch einmal nach, ob die genannte Straße korrekt ist, gleiches gilt für die Hausnummer und etwaige Zusätze wie „A“ oder „B“. Steht das Haus, das Sie kaufen wollen, auf dem richtigen Grundstück? Gleichen Sie hier nochmals ab. Bei Eigentumswohnungen ist es wichtig, dass die Wohnungsnummer der Nummer entspricht, wie sie auch in der Teilungserklärung angegeben ist.

Ist der Preis aufgeführt? Käufer wie Verkäufer schauen nach diesem Punkt meist als erstes. Einen Notarvertrag ohne Aufführung des Kaufpreises kann es nicht geben. Aber jene mit falschem Preis gab es schon! Schauen Sie deshalb erneut nach, ob es sich bei dem angeführten Kaufpreis auch um die Summe handelt, die Sie mit dem Verkäufer im Vorfeld vereinbart haben.

Hat der Notar das Grundbuch eingesehen? Dass ein Notar nicht in das Grundbuch schaut, ist zwar selten, gibt es aber trotzdem. Sie haben allerdings das gute Recht, darauf zu bestehen, dass der Notar dies tut. Im Grundbuch stehen einige Details, die für den Vertrag wichtig sind. Es sollte fixiert werden, ob eine Lastenfreiheit besteht. Falls dies nicht der Fall ist, sollten im Kaufvertrag die Lasten auf jeden Fall genannt werden. Dies ist der Abteilung II im Grundbuch zu entnehmen. Auch sollten Grundschulden des Noch-Eigentümers genannt sein.

Gibt es eine Vormerkung? Der Notar ist für eine Vormerkung im Grundbuch zuständig. Erst nach diesem Schritt gelten Sie als Käufer und die Immobilie als die Ihre. Das sorgt für Sicherheit. Denn noch kann etwas dazwischenkommen. Zum Beispiel, wenn der Vorbesitzer bankrott geht. Sind Sie nicht im Grundbuch vermerkt, wird die Immobilie Teil der Insolvenzmasse. Es ist sinnvoll, den Notar vertraglich zu verpflichten, diese Vormerkung auch durchzuführen. Auch, wenn das erwähnte Insolvenz-Szenario selten vorkommt. Aber: Sicher ist sicher. Zusätzlich sollte jener Passus den Hinweis enthalten, dass der Kaufpreis erst nach Eintragung der Vormerkung fällig wird.

Wann gehen Besitz, Nutzen und Lasten über? Jeder Vertrag sollte die Vereinbarung enthalten, wann Besitz, Nutzen und Lasten auf Sie übergehen. Das bedeutet: Ihnen gehört das Objekt, Sie können es nutzen und übernehmen ab diesem Zeitpunkt auch die anfallenden Kosten. Damit Besitz, Nutzen und Lasten auf Sie übergehen, müssen Sie nicht einmal als Besitzer im Grundbuch stehen. Wann genau der Übergang erfolgt, kann sich unterscheiden. In den allermeisten Fällen ist das der Tag, an dem der Kaufpreis überwiesen wird. Bedeutend seltener wird ein fixes Datum festgelegt, unabhängig davon, ob Sie das Geld überwiesen haben oder nicht. Dies ist in der Regel aber nicht der Fall. Achten Sie deshalb darauf, dass der Vertrag vorsieht, dass bei Überweisung der fälligen Summe Besitz, Nutzen und Lasten auf Sie übergehen.

Haben Sie Nebenabreden mit dem Verkäufer getätigt? Falls Sie mit dem Verkäufer ausgemacht haben, dass Sie beim Kauf Gegenstände und Ähnliches im Haus übernehmen, sollte dies auf jeden Fall schriftlich im Vertrag fixiert werden. Ist das nicht so, verliert jeder Deal per Handschlag seine Gültigkeit und ist rechtlich nicht bindend. Bei dem Putzlappen im Heizungskeller mag das nicht so wichtig sein. Ein Klassiker stellt aber die Küche dar. Oft werden Küchenzeile und Geräte wie Herd oder Spülmaschine übernommen. Im Gegensatz zum Putzlappen stellt dies eine Einrichtung von echtem Wert dar. Gleiches gilt für Möbel oder – ebenfalls sehr beliebt – Gartengeräte wie Rasenmäher oder Laubbläser. Es gilt: Alles muss in den Vertrag. Sonst ist jede Absprache nichtig.

Wie schaut es mit Mängeln am Objekt aus? Falls Sie keinen Neubau erwerben, sondern ein gebrauchtes Haus, wird im Vertrag festgehalten, dass Sie das Objekt „gekauft wie gesehen" haben. Das bedeutet, dass Schäden, die Sie gesehen haben, praktisch in Ihren Besitz übergehen. Stellen Sie also fest, dass das Laminat im Wohnzimmer hochkommt, ist das künftig Ihr Problem und Ihr Schaden. Deshalb sollten Sie Wert darauf legen, dass im Vertrag nicht der Passus „mängelfrei" aufgeführt ist, insofern es sich bei dem Objekt um keinen Neubau handelt. Ein gebrauchtes Haus ohne einen Makel gibt es praktisch nicht. Nur die Größe der Schäden variiert.

Nun kommt aber noch eine Besonderheit dazu: Der Satz „Gekauft wie gesehen" beinhaltet nicht nur die Schäden, die Sie gesehen haben, sondern auch solche, die Sie hätten sehen können. Wenn Sie das erwähnte Laminat geflissentlich ignorieren, können Sie dem Verkäufer nicht im Nachhinein einen Strick daraus drehen. Das gilt ebenfalls für Rollladen an Fenstern, die bei einer Besichtigung tagsüber hochgezogen sind. Lassen diese sich aufgrund eines Schadens nichts mehr herunterlassen, hätten Sie dies zumindest sehen (also testen) können. Für alle diese Beispiele ist der Verkäufer im Nachhinein nicht belangbar. Es sei denn, er wollte Sie arglistig täuschen und einen gravierenden Mangel bewusst und zu seinem Vorteil verschweigen. Steht dieser Verdacht im Raum, sind Sie jedoch derjenige, der beweisen muss, dass der Mangel dem Verkäufer bekannt war. Das funktioniert in den wenigsten Fällen. Mögliche Beweise sind Rechnungen von Handwerksbetrieben, dessen Mitarbeiter versucht haben, den Schaden in der Vergangenheit zu beheben. Natürlich sind solche Dokumente nur in den wenigsten Fällen vorhanden. Sollten Sie dennoch auf Schadenersatz klagen wollen oder müssen, weil der Schaden so gravierend ist, dass die Immobilie unbewohnbar ist, wartet auf Sie ein mühsamer und langwieriger Prozess.

Was ist mit den Erschließungskosten? Einen wichtigen Hinweis sollten Sie nicht außer Acht lassen. Es ist gut möglich, dass Sie für Schäden (mit-)zahlen müssen, die mit Ihrem Haus gar nichts zu tun haben, sondern beispielsweise mit der Straße davor. Ziehen Sie an einen uralten Weg ohne Kanal, werden Erschließungskosten fällig. Gerade in Neubaugebieten werden diese Kosten fällig und diese sind oft im Vorfeld bekannt und der Verkäufer weiß von den geplanten Baumaßnahmen. Sprechen Sie sich hier mit dem Verkäufer ab, welche Partei bis zum Tag der Schlüsselübergabe welche Kosten zu tragen hat. Im Normalfall zahlt der Verkäufer alles Anfallende bis zur Übergabe und Sie für die Zeit danach. Denken Sie dran: Vertrauen ist gut, Verträge sind besser. Halten Sie also solche Absprachen unbedingt schriftlich fest.

Erwerben Sie Ihr Haus von einem Bauträger, sollten Sie auf ein paar zusätzliche Feinheiten achten und vor allen Dingen dann, wenn Ihre künftige Immobilie noch nicht gebaut wurde. Eigentlich ist es selbstverständlich und banal, aber checken Sie sicherheitshalber, dass der Baustart schriftlich im Vertrag fixiert ist.

Einige Sonderfälle gibt es auch, falls Sie eine Eigentumswohnung erwerben möchten. Es ist möglich, dass der Hausverwalter noch seine Zustimmung geben muss. Falls dem so sein sollte, ist es wichtig darauf zu achten, dass der Vertrag den Hinweis enthält, dass der Kaufpreis erst dann fällig wird, sobald der Verwalter zugestimmt hat. Die Zustimmung an sich ist keine Prüfung oder Hürde – eine Zustimmung wird in der Regel erteilt, da Sie in erster Linie ein zahlender Kunde sind. Sympathie darf hier keine Rolle spielen. Ein Nachteil ist, dass Sie die Zustimmung nicht mündlich bekunden dürfen. „Herr/Frau XY hat nichts dagegen“, reicht hier nicht. Es ist komplizierter: Die Zustimmung des Verwalters muss separat an den Notar erfolgen. Das ist etwas lästig, da Sie wieder einmal von Dritten abhängig sind. Die Zustimmung sollte also zeitnah erfolgen. Zur Not sprechen Sie den Verwalter noch einmal an. Schließlich wollen Sie den besiegelten Kaufvertrag endlich in den Händen halten. Ein weiteres Manko kommt hinzu: Da die gesonderte Zustimmungserklärung beim Notar ein zusätzlicher „Service“-Akt ist, kostet diese Geld und das haben im Normalfall Sie zu begleichen.

ENDLICH UNTERSCHRIEBEN – WAS KOMMT DANACH?

Sollte alles in Ordnung sein, kommt es zur Vertragsunterzeichnung. Der Notar wird den gesamten Kaufvertrag vorlesen und schwer verständliche Klauseln erklären. Hier klärt der Notar, ob beide Parteien mit dem Vertrag einverstanden sind. Ist dies der Fall, wird der Vertrag unterzeichnet. Ihre Aufgaben beim Notar sind abgearbeitet. Der Notar hat anschließend noch eine Menge zu tun. Nun geht es im Grundbuch an die Löschung der Grundschulden, falls solche vom Verkäufer noch vorhanden sind. Außerdem nimmt er Kontakt zum Grundbuchamt auf und veranlasst die Vormerkung. Falls Sie eine Eigentumswohnung erwerben möchten, hört der Notar nach, ob die Eigentümergemeinschaft oder der Hausverwalter zustimmen möchten. Erst wenn der Notar alle notwendigen Unterlagen zusammen hat, werden Sie von ihm erneut Post erhalten. Darin wird der Notar Sie zur Überweisung des festgelegten Kaufpreises auffordern. Bis dieser Brief bei Ihnen ankommt, kann es schon mal etwas dauern. Schließlich ist auch der Notar hier von Dritten abhängig. Ist auf dem Bauamt viel zu tun, kann der Sachbearbeiter auch mal etwas brauchen. Lassen Sie sich nicht aus der Ruhe bringen, wenn Sie nach einem Monat noch keine Zahlungsaufforderung erhalten haben – dieser zeitliche Rahmen ist völlig normal und kann im Zweifelsfall sogar noch etwas länger dauern. Sollten Sie unsicher werden, hören Sie bei Ihrem Notar nach. Er gibt Ihnen gerne Auskunft über den Stand der Dinge.

Haben Sie die die Aufforderung erst einmal erhalten, überweisen Sie den fälligen Betrag. Entweder geht das Geld unmittelbar an den Verkäufer oder, falls der alte Eigentümer noch Schulden bei der Bank hat, an das betreffende Kreditinstitut. Wenn das Geld überwiesen wurde, wird der Notar den Kaufvertrag amtlich beglaubigen und diesen schließlich in Kopie an das Finanzamt schicken. Alsbald wird Sie eine neue Rechnung erwarten: Die Grunderwerbssteuer wird fällig. Wenn Sie auch diese Forderung beglichen haben, werden Sie ins Grundbruch eingetragen. Und das bedeutet: Herzlichen Glückwunsch! Sie haben es geschafft – Ihr Traumobjekt gehört jetzt amtlich Ihnen.

- Kapitel 17 -

ZU GUTER LETZT: DIE SCHLÜSSELÜBERGABE

Die Übergabe der Schlüssel ist eine der letzten Etappen auf Ihrem Weg zum trauten Eigenheim. Viele Formalitäten sind geklärt, das Geld ist überwiesen – nun können Sie direkt einziehen, oder? Fast! Ein paar Dinge gibt es noch zu regeln. Oft gibt es noch Renovierungsarbeiten im Vorfeld. Und auch jetzt gibt es noch einige Feinheiten, die Sie beachten müssen.

In den vorherigen Kapiteln haben wir von „Besitz, Nutzen und Lasten" gelesen. Wann diese auf Sie übergehen, regelt wie erwähnt der Vertrag des Notars. Zu diesem Zeitpunkt geht es an die Übergabe des Schlüssels. Dabei sollte in jedem Fall ein Protokoll angefertigt werden. Was in dieses Protokoll hineingehört, listen wir nachfolgend auf.

Sind die Stammdaten aufgeführt? Hier werden die Basisinformationen aufgelistet. Um was für ein Objekt handelt es sich? Wie lauten die Adresse und der Name des Verkäufers? Und ganz wichtig: Wann wurde das Objekt an den neuen Käufer übergeben?

Wie sind die Zählerstände? Halten Sie unbedingt den Zählersand des Stromzählers fest. Gleiches gilt für den Gas- und Wasserzähler sowie den Zähler der Heizung. Wichtig ist außerdem, sich die Nummern der Zähler zu notieren.

Wie viele Schlüssel gibt es? Notieren Sie, wie viele Schlüssel es im Haus oder der Wohnung gibt. Dazu gehören nicht nur Haustür- oder Wohnungsschlüssel – sondern wirklich jeder Schlüssel. Denken Sie an Keller und Garage, aber auch an Briefkasten, Mülltonnen und Gartentörchen. Schreiben Sie aber auch auf, welche Schlüssel fehlen. Wichtig ist, dass der Ex-Besitzer Sie darüber in Kenntnis setzt, wer sonst noch einen Schlüssel zum Objekt hat. Haben Verwandte noch ein Exemplar für den Fall, dass der Vorbesitzer sich hätte ausschließen können? Besitzt der Nachbar noch einen Haustürschlüssel, weil er immer die Blumen gegossen hat, wenn der Vorbesitzer im Urlaub war? Checken Sie dies dringend, da es sein kann, und das ist nicht unüblich, dass Dritte einen zusätzlichen Schlüssel oder Ersatzschlüssel besitzen. Fehlen diese Schlüssel, sollten Sie ebenfalls dringend in Erwägung ziehen, die entsprechenden Schlösser von einem Schlüsseldienst austauschen zu lassen.

Sind alle Dokumente vollständig? Bei der Übergabe der Schlüssel werden auch wichtige Dokumente ausgetauscht. Dazu gehören der Energieausweis, Grundsteuerbescheide, Grundriss, Bauplan, Grundbuchakten etc.. Achten Sie auch hier auf Vollständigkeit und protokollieren Sie den Vorgang der Übergabe.

Wie sieht es mit Mängeln aus? Zu guter Letzt sollten Sie jeden Raum noch einmal abgehen und auf Mängel überprüfen. Es könnte sein, dass Schäden nach der Besichtigung hinzugekommen sind. Machen Sie sich eine Checkliste und prüfen Sie, ob alles in Ordnung ist.

Zum Schluss sollte je eine Ausführung des Protokolls an den neuen und alten Besitzer gehen. Denken Sie daran, dass Verkäufer und Käufer dieses Protokoll zu unterzeichnen haben. Auch mögliche Zeugen der Übergabe sind namentlich aufzuführen und auch die müssen das Protokoll mit ihrer Unterschrift bestätigen.

In unserem Beispiel gingen wird davon aus, dass Sie ein gebrauchtes Haus erstanden haben. Haben Sie eine Eigentumswohnung gekauft, ist die Prozedur im Wesentlichen sehr ähnlich. Allerdings sollten Sie in diesem Fall den Hausverwalter über die (bevorstehende) Übergabe der Schlüssel informieren. Das gehört zum guten Ton. Außerdem gibt es da noch das Wohngeld, dass Sie während der Übergangszeit zwischen altem und neuem Besitzer anteilig zu entrichten haben.

Während sich bei der Übergabe einer Eigentumswohnung kaum Unterschiede zur Übergabe eines Gebrauchthauses ergeben, sieht das bei dem Erwerb einer neuen Immobilie beim Bauträger ein wenig anders aus. Hier sprechen wir nicht von Übergabe, sondern von Abnahme. Und davon gibt es jede Menge. In verschiedenen Stadien des Hausbaus werden Sie immer wieder solche Abnahmen tätigen müssen. Für den Bauträger sind diese Schritte erheblich: Haben Sie ein neues Baustadium des Objektes abgenommen, beginnt die Gewährleistungsfrist und sozusagen die Garantie. Meistens beträgt diese Frist fünf Jahre und innerhalb dieses zeitlichen Rahmens beseitigt der Bauträger anfallende Mängel. Nach dieser Zeit sind die Mängel schließlich Ihre Angelegenheit.

Ob Ihnen die Abnahme ansatzweise fachmännisch gelingt, ist von der ausgeführten Arbeit abhängig. Es wird Ihnen problemlos gelingen, festzustellen, ob die Fliesen in Ihrem künftigen Badezimmer gerade verlegt wurden. Bei Heizungsrohren mag das schon ganz anders aussehen! Es sei Ihnen deshalb geraten, zu Abnahmen einen Sachverständigen mitzunehmen. Ansonsten könnte es ein böses Erwachen geben, vor allem wenn die Gewährleistungsfrist abläuft. Innerhalb der fünf Jahre muss das Bauunternehmen beweisen, dass die Arbeiten korrekt ausgeführt wurden. Nach Ablauf der Frist müssen Sie hingegen beweisen, dass der Träger Mist gebaut hat. Ist die Frist noch nicht verstrichen, sind Sie also klar im Vorteil. Insbesondere dann, wenn ein Rechtsstreit ins Haus steht.

NACHWORT: HERZLICH WILLKOMMEN IM GLÜCK!

Sie haben es geschafft: Sie sind in Ihrem neuen Heim angekommen. Vielleicht sind Sie bereits umgezogen und haben es sich in Ihrer neuen Wohnung oder Ihrem neuen Haus bequem gemacht. Das ist nun eine aufregende Zeit: In Ihrem neuen zu Hause werden Ihnen noch in den nächsten Wochen und Monaten Details auffallen, die Ihnen unbekannt waren. Hierbei handelt es sich hoffentlich nicht um Makel, sondern um Kleinigkeiten, die Ihre Immobilie noch schöner wirken lassen.

Und das Beste: Den mit Abstand stressigsten Part haben Sie hinter sich gelassen und erfolgreich gemeistert. Blicken Sie noch einmal in die Vergangenheit zurück. Was war das ein Gefühl, als Sie Ihr neues Zuhause das erste Mal in einer Anzeige, im Internet oder gar vor Ort betrachten? Wenn Sie sich wieder in diesen Zeitpunkt hineinversetzen, mag es rückblickend unglaublich klingen, dass Sie dieses Objekt einmal beziehen werden.

Blicken Sie noch einmal zurück auf den Weg hierhin. Wie haben Sie Ihren Traum Wirklichkeit werden lassen? Die Antwort ist leicht: Mit Ruhe und Sorgfalt, ein wenig Empathie und Höflichkeit, aber vielleicht auch ein bisschen

Nachdruck und Durchsetzungsvermögen. Falls es genau so war, haben Sie das sehr gut hinbekommen. Denn das ist genau das, was Ihnen dieses Buch vermitteln wollte. Wohlwissend, dass Sie manchmal Nerven wie Drahtseile brauchen. Makler können unglaublich stressig sein, Bankberater dickköpfig und Verwaltungsmitarbeiter unfassbar träge. Das mag stimmen, aber im Normalfall sind dies wohlbekannte Stereotypen. Gelegentlich haben wir in diesem Buch auch die Realität ein wenig überzeichnet. Das war aber auch Sinn der Sache! Ziel ist und war es, Sie auf alles vorzubereiten, was Ihnen auf der langen Reise zum Traumhaus begegnen kann. Denn ein Problem ist dann viel weniger problematisch, wenn Sie darauf vorbereitet sind. Das gilt auch für die schier unfassbare Menge an Papierkram. Und das ist wirklich viel – aber keine unüberwindbare Hürde.

Nach diesem langen aber hoffentlich nicht allzu beschwerlichen Weg, bleibt nur noch eines zu sagen: Viel Spaß in Ihrem neuen Zuhause – Sie haben es sich verdient!

Buchempfehlungen

Vermieten leicht gemacht

Leitfaden für Vermieter mit allen Infos zu Mietersuche, Mietverträgen, Nebenkostenabrechnung, Übergabe, Kündigung, Hausverwaltung und vielem mehr

Ein Haus oder eine Wohnung zu vermieten, ist nicht einfach: Es muss ein guter Mieter gefunden werden, ein rechtssicherer Mietvertrag geschrieben werden und die passende Miete festgelegt werden. Dann sollte noch eine Hausordnung aufgestellt werden und es müssen regelmäßige Nebenkostenabrechnungen aufgestellt werden. Dazu kommen irgendwann die Themen Kündigung und Whonungsrückgabe. Überall lauern rechtliche Fallstricke und schwarze Schafe unter den Mietern.

Zu wissen, was Sie als Vermieter dürfen und was nicht, ist entscheidend, um eine nachhaltige Rendite zu erzielen und keine bösen Überraschungen und teure Rechtsstreite zu erleben. Diese wichtigen Fragen rund um das Vermieten Ihrer Immobilie möchten wir in diesem Buch klären.

Sichern Sie sich noch heute dieses Buch und erfahren Sie...

- ... was es als Vermieter zu beachten gibt,
- ... wie Sie rechtssichere Mietverträge aufsetzen,
- ... welche Hürden und Fallstricke Sie als Vermieter überwinden müssen.

ÜBERLEBEN IN DER
EIGENTUMSWOHNUNG
Leitfaden für Wohnungsbesitzer mit allen Infos zu Teilungserklärung, Eigentümerversammlung, Hausgeld, Modernisierung, Abrechnung, etc.
FOR SALE
MIT 100% PRAXISWISSEN
EXPERTEN GRUPPE VERLAG
KLAUS HOPPE UND CORNELIA TRAUBITZ

Überleben in der Eigentumswohnung

Leitfaden für Wohnungsbesitzer mit allen Infos zu Teilungserklärung, Eigentümerversammlung, Hausgeld, Modernisierung, Abrechnung, etc.

Als Besitzer einer Eigentumswohnung müssen Sie zusammen mit den anderen Parteien Ihrer Hausgemeinschaft die Verwaltung der Immobile organisieren, viele Entscheidung rund ums Haus treffen und dabei viele rechtliche Fallstricke beachten und unterschiedliche Meinungen und Ansichten unter einen Hut bringen. Egal ob Sanierung, Modernisierung oder Streitfälle mit dem Hausverwalter: Für Eigentümer gibt es stets ein Problem, das gelöst werden muss.

In diesem Ratgeber lernen Sie, welche Feinheiten für Sie als Eigentümer wichtig sind. Dabei erfahren wir von der Arbeit des Hausverwalters, Finanzierungsmöglichkeiten und alles zum Thema Eigentümerversammlung. Auf Paragraphen und Gesetzestexte verzichten wir dabei bewusst. Stattdessen soll dieses Buch Ihnen das Basiswissen vermitteln, dass Sie gut durch den Alltag als Eigentümer bringt.

Sichern Sie sich noch heute dieses Buch und erfahren Sie...

- ... was es als Eigentümer einer Eigentumswohnung zu beachten gibt,
- ... was rund um Ihre Wohnung und das Gesamtobjekt wichtig ist und ...
- ... welche Hürden und Fallstricke Sie als Teil einer Wohnungseigentümergemeinschaft überwinden müssen.

EINSTIEG
IN DAS
UNIVERSUM
Das kleine Buch der Astronomie
Urknall, Entstehung, Alter, Größe und Geheimnisse des Weltalls verstehen – Sterne und Planeten unseres Sonnensystems kennen lernen
100%
PRAXISWISSEN!
EXPERTEN
GRUPPE
VERLAG
AARON SCHMIDT

Einstieg in das Universum: Das kleine Buch der Astronomie

Urknall, Entstehung, Alter, Größe und Geheimnisse des Weltalls verstehen – Sterne und Planeten unseres Sonnensystems kennen lernen

Für unsere Begriffe – betrachtet von unserer kleinen Erde aus – wirkt das Universum unendlich. Millionen von Planeten, Sternen und Galaxien warten nur darauf, von uns erforscht zu werden.

Dank der heutigen Technik ist es zumindest möglich, einen ersten Blick in diese Weiten zu werfen. Doch die Maßstäbe sind dabei derart gigantisch, dass sich schon ein Besuch einer Nachbargalaxie nur schwer realisieren lässt.

Nicht nur die Weiten des Alls sind spannend und vielfältig. Auch in unserer Nachbarschaft – den Planeten unseres Sonnensystems – warten Rätsel darauf, gelöst zu werden.

Und noch mehr: Selbst unser eigener Planet ist uns noch in vielerlei Hinsicht unbekannt. Starten wir also eine Reise von unserer Haustür bis zum Rand des Universums.

Eines noch vorab: Die Komplexität des uns weitestgehend unbekannten Universums auf den Punkt zu bringen, ist eine Lebensaufgabe und vieles basiert auf Theorien. Spannend sind diese dennoch und einen Blick allemal wert.

Hat Ihnen mein Buch gefallen?

Sie haben unser Buch gelesen und haben jetzt einen tiefen Einblick in die wichtigsten Themen rund um den Immobilienkauf erhalten. Und genau deshalb bitten wir Sie jetzt um einen kleinen Gefallen. Rezensionen sind beim Onlinekauf ein wichtiger Bestandteil von jedem angebotenen Produkt. Es ist mit das Erste, worauf Kunden schauen und nicht selten geben die Rezensionen später den entscheidenden Ausschlag, ein Produkt zu kaufen oder nicht. Gerade bei der endlos großen Auswahl von Onlineshops wird dieser Faktor immer wichtiger.

Wenn Ihnen unser Buch gefallen hat, wären wir Ihnen mehr als dankbar, wenn Sie uns eine Bewertung hinterlassen. Wie Sie das machen? Klicken Sie einfach auf unserer Produktseite auf folgenden Button:

Dieses Produkt bewerten

Sagen Sie Ihre Meinung zu diesem Artikel

Kundenrezension verfassen

Schreiben Sie einfach kurz, was Ihnen ganz besonders gut gefallen hat. Es dauert nicht länger als ein paar Minuten, versprochen!

Sie können sich sicher sein, dass wir persönlich jede Rezension lesen, denn es hilft uns sehr stark dabei, unsere Bücher noch besser zu machen und sie genau an Ihre Wünsche anzupassen.

Daher sagen wir Ihnen:

HERZLICHEN DANK!

Ihr Klaus Hoppe und Ihre Cornelia Traubitz

Quellenangaben

Hartmut Schöner/Kurt Stöber, Grundbuchrecht, 13.Aufl., 2004,

Josef Rieder, Stefan Rieder: Vormerkung und Widerspruch im Grundstücksverkehr. Deutscher Sparkassen Verlag, Stuttgart 52005, ISBN 3-09-305337-4

Harald Wilsch: Die Grundbuchordnung für Anfänger.1. Auflage. C.H. Beck, München 2011, ISBN 978-3-406-60446-1.

Horst S. Werner, Eigenkapitalfinanzierung, 2006

Mathias Schmoeckel, Moritz Brinkmann:Registerwesen – Grundlagen, Rechtfertigung, Potentiale, Baden-Baden 2020, ISBN 978-3-7489-0629-2.

Das Immobilien-Set Autor/en: Roland Stimpel ISBN: 3747100600, Stiftung Warentest, 2. Januar 2019 - kartoniert - 144 Seiten

Konrad Wimmer: So rechnen Banken, 2000, ISBN 3-423-50822-1

Gerhard Diepen/Werner Sauter, Wirtschaftslehre für Bankkaufleute, Springer-Verlag, 1991

Axel Thoß: Bürgenschutz im österreichischen und deutschen Recht. Nomos, Baden-Baden 2007

Susanne Frank (Hrsg.), Handbuch Immobilienrecht in Europa, 2004

Erwin Sailer: Der Immobilienmakler – Grundlagen Strategien Entwicklungspotentiale. 2. Aufl., Stuttgart 2007

Otto Palandt/Peter Bassenge, BGB-Kommentar, 73. Auflage, 2014

Michael Cramer: Das internationale Kreditgeschäft der Banken, 1981

Günter Hager: Die Gefahrtragung beim Kauf. Eine rechtsvergleichende Untersuchung. Metzner, Frankfurt am Main, 1982

Michael Timme (Hrsg.): Wohnungseigentumsgesetz. Kommentar. C.H. Beck, München 2010

Haus und Grund (Hrsg.): Das Neue Mietrecht. Ausgabe 2004

Weber / Heuer: Die Entwicklung des Bauträgerrechts in den Jahren Jahre 2011 und 2012

Hannes Berger: Wohnraummiete. Praxisratgeber. Boorberg, Stuttgart, 2020

Rudolf Stürzer, Michael Koch: Vermieter-Lexikon. 13. Auflage. 2013, Haufe

Joachim Kuntze: Grundbuchrecht, Kommentar, 1999

Oliver Elzer, Meine Rechte als Wohnungseigentümer: Gebrauch, Sondernutzung, Verwaltung, Versammlung, Bauen, Information, dtv Beck Rechtsberater, 2011

Gerhard Köbler, Etymologisches Rechtswörterbuch, 1995

Eckart Bueren: Die Regulierung von Sonderwünschen im Bauträgervertrag, NJW 31/2011

Franz-Joseph Peine, Allgemeines Verwaltungsrecht, 2014

Bauratgeber Deutschland: Bauamt und Bauaufsichtsbehörde

Lucius Burckhardt, Jesko Fezer (Hrsg.): Wer plant die Planung?: Architektur, Politik und Mensch. Martin Schmitz Verlag, Berlin 2004

Georg Jennißen (Hrsg.): Wohnungseigentumsgesetz. O. Schmidt, Köln 2008

Timon Hoppe Der ländliche Raum im 21. Jahrhundert – Neubewertung einer unterschätzten Raumkategorie. Verlag BOD, Norderstedt 2010,

Nicola Preuß: Zivilrechtspflege durch externe Funktionsträger: Das Justizverfassungsrecht der Notare und Verwalter. Tübingen 2005

Kilian/Sandkühler/vom Stein (Hrsg.) Praxishandbuch Notarrecht. 3. Auflage. Deutscher Notarverlag, Bonn 2017

Johannes Bärmann/Eckhart Pick/Werner Merle (Hrsg.), Wohnungseigentumsgesetz. Kommentar. 11. Auflage. Beck, München 2010

Rolf Schmidt: BGB Allgemeiner Teil. 16. Auflage. 2017

Impressum

1. Auflage

 Herausgeber: GbR, Martin Seidel und Corinna Krupp, Bachstraße 37, 53498 Bad Breisig, E-Mail: info@expertengruppeverlag.de, Coverfoto: www.depositphotos.com. Sämtliche hier dargestellten Inhalte dienen ausschließlich der neutralen Information. Sie stellen keinerlei Empfehlung oder Bewerbung der beschriebenen oder erwähnten Methoden dar. Dieses Buch erhebt weder einen Anspruch auf Vollständigkeit, noch kann die Aktualität und Richtigkeit der hier dargebotenen Informationen garantiert werden.

Die Autoren und die Herausgeber übernehmen keine Haftung für Unannehmlichkeiten oder Schäden, die sich aus der Anwendung der hier dargestellten Information ergeben.

Made in United States
Troutdale, OR
11/03/2026

56845254R00096